Spaanse Passie

Een Culinaire Reis door de Zonnige Keuken van Spanje

Carmen Sánchez

INHOUD

KIPKUSSENS MET WHISKY 23
    INGREDIËNTEN 23
    ONTWIKKELING 23
    TRUC 24
GEBRADEN EEND 25
    INGREDIËNTEN 25
    ONTWIKKELING 25
    TRUC 26
VILLAROY KIPPENBORST 27
    INGREDIËNTEN 27
    ONTWIKKELING 27
    TRUC 28
KIPPENBORST MET CITROENMOSTERDSAUS 29
    INGREDIËNTEN 29
    ONTWIKKELING 29
    TRUC 30
GEBAKKEN PINTADA MET PRUIMEN EN PADDESTOELEN 31
    INGREDIËNTEN 31
    ONTWIKKELING 31
    TRUC 32
VILLAROY KIPBORST GEVULD MET GEKARAMELISEERDE PIQUILAS MET MODENA AZIJN 33
    INGREDIËNTEN 33

ONTWIKKELING 33

TRUC 34

KIPPENBORST GEVULD MET BACON, PADDESTOELEN EN KAAS 35

    INGREDIËNTEN 35

    ONTWIKKELING 35

    TRUC 36

KIP IN ZOETE WIJN MET PRUIMEN 37

    INGREDIËNTEN 37

    ONTWIKKELING 37

    TRUC 38

ORANJE KIPPENBORST MET CASHEWNOTEN 39

    INGREDIËNTEN 39

    ONTWIKKELING 39

    TRUC 40

Ingelegde poep 41

    INGREDIËNTEN 41

    ONTWIKKELING 41

    TRUC 41

KIP MET CACCITOR 42

    INGREDIËNTEN 42

    ONTWIKKELING 42

    TRUC 43

COCA Cola STIJL KIPPENVLEUGELS 44

    INGREDIËNTEN 44

    ONTWIKKELING 44

TRUC 44
KIP MET KNOFLOOK 45
    INGREDIËNTEN 45
    ONTWIKKELING 45
    TRUC 46
KIP CHILINDRÓN 47
    INGREDIËNTEN 47
    ONTWIKKELING 47
    TRUC 48
PICLINGS MET KWARTELS EN RODE VRUCHTEN 49
    INGREDIËNTEN 49
    ONTWIKKELING 49
    TRUC 50
KIP MET CITROEN 51
    INGREDIËNTEN 51
    ONTWIKKELING 51
    TRUC 52
SAN JACOBO KIP MET SERRANOHAM, CASARGEBAKJE EN ARUCOLA 53
    INGREDIËNTEN 53
    ONTWIKKELING 53
    TRUC 53
GEBAKKEN CURRY MET KIP 54
    INGREDIËNTEN 54
    ONTWIKKELING 54
    TRUC 54

KIP IN RODE WIJN 55
    INGREDIËNTEN 55
    ONTWIKKELING 55
    TRUC 56
GEBAKKEN KIP MET ZWART BIER 57
    INGREDIËNTEN 57
    ONTWIKKELING 57
    TRUC 58
CHOCOLADE KOP 59
    INGREDIËNTEN 59
    ONTWIKKELING 59
    TRUC 60
GEBAKKEN KALKOEN TRAINERS MET RODE FRUITSAUS 61
    INGREDIËNTEN 61
    ONTWIKKELING 61
    TRUC 62
GEBAKKEN KIP MET PERZIKSAUS 63
    INGREDIËNTEN 63
    ONTWIKKELING 63
    TRUC 64
KIPFILET GEVULD MET SPINAZIE EN MOZZARELLA 65
    INGREDIËNTEN 65
    ONTWIKKELING 65
    TRUC 65
GEBAKKEN KIP MET CAVA 66
    INGREDIËNTEN 66

ONTWIKKELING 66

TRUC 66

kipspiesjes met pindasaus 67

    INGREDIËNTEN 67

    ONTWIKKELING 67

    TRUC 68

KIP IN PEPITORIA 69

    INGREDIËNTEN 69

    ONTWIKKELING 69

    TRUC 70

ORANJE KIP 71

    INGREDIËNTEN 71

    ONTWIKKELING 71

    TRUC 72

KIPPENSTEW MET BOKKEN 73

    INGREDIËNTEN 73

    ONTWIKKELING 73

    TRUC 74

KIPPENSPREAD MET NOTEN EN SOJA 75

    INGREDIËNTEN 75

    ONTWIKKELING 75

    TRUC 76

CHOCOLADEKIP MET Geroosterde AMANDELEN 77

    INGREDIËNTEN 77

    ONTWIKKELING 77

    TRUC 78

LAMSKEBS MET PEPER EN MOSTERDVINAIGRETE 79
    INGREDIËNTEN 79
    ONTWIKKELING 79
    TRUC 80

KALFSvin gevuld met port 81
    INGREDIËNTEN 81
    ONTWIKKELING 81
    TRUC 82

MADRILEÑA VLEESVALS 83
    INGREDIËNTEN 83
    ONTWIKKELING 84
    TRUC 84

KALFSWANGEN MET CHOCOLADE 85
    INGREDIËNTEN 85
    ONTWIKKELING 85
    TRUC 86

GECONFITEERD GEVOGELTEGEBAKJE MET ZOETE WIJNSAUS .. 87
    INGREDIËNTEN 87
    ONTWIKKELING 87
    TRUC 88

KONIJN VANAF MAART 89
    INGREDIËNTEN 89
    ONTWIKKELING 89
    TRUC 90

GEVLEESBALLEN IN HAZELNOOTSAUS PEPITORIA 91
    INGREDIËNTEN 91

- ONTWIKKELING 92
- TRUC 92
- KALFSSCALOPINES MET ZWART BIER 93
  - INGREDIËNTEN 93
  - ONTWIKKELING 93
  - TRUC 94
- REIZEN MADRILLE 95
  - INGREDIËNTEN 95
  - ONTWIKKELING 95
  - TRUC 96
- GEBAKKEN LENDEN MET APPEL EN MUNT ... 97
  - INGREDIËNTEN 97
  - ONTWIKKELING 97
  - TRUC 98
- KIPPENPANTOFFELS MET FRAMBOZENSAUS ... 99
  - INGREDIËNTEN 99
  - ONTWIKKELING 100
  - TRUC 100
- LAMSSTOOFPOT 101
  - INGREDIËNTEN 101
  - ONTWIKKELING 101
  - TRUC 102
- Haas CIVET 103
  - INGREDIËNTEN 103
  - ONTWIKKELING 103
  - TRUC 104

KONIJN MET PIPERRAD 105
    INGREDIËNTEN 105
    ONTWIKKELING 105
    TRUC 105
KIPPENBALLEN GEVULD MET KAAS EN KERRYSAUS 106
    INGREDIËNTEN 106
    ONTWIKKELING 107
    TRUC 107
VARKENSVLEESWANGEN IN RODE WIJN 108
    INGREDIËNTEN 108
    ONTWIKKELING 108
    TRUC 109
COCHIFRITO NAVARRE 110
    INGREDIËNTEN 110
    ONTWIKKELING 110
    TRUC 110
Runderstoofpot Met Pindasaus 111
    INGREDIËNTEN 111
    ONTWIKKELING 111
    TRUC 112
GEROOSTERD VARKEN 113
    INGREDIËNTEN 113
    ONTWIKKELING 113
    TRUC 113
GEBAKKEN KLOP MET KOOL 114
    INGREDIËNTEN 114

ONTWIKKELING 114

TRUC 114

KONIJN CACIATOREN 115

    INGREDIËNTEN 115

    ONTWIKKELING 115

    TRUC 116

MADRILEÑA KALFSSCHOTEL 117

    INGREDIËNTEN 117

    ONTWIKKELING 117

    TRUC 117

KONIJNSTEW MET PADDESTOELEN 118

    INGREDIËNTEN 118

    ONTWIKKELING 118

    TRUC 119

IBERISCHE RIBS MET WITTE WIJN EN HONING 120

    INGREDIËNTEN 120

    ONTWIKKELING 120

    TRUC 121

GALLI'S POTE 122

    INGREDIËNTEN 122

    ONTWIKKELING 122

    TRUC 123

LINZEN A LA LIONESA 124

    INGREDIËNTEN 124

    ONTWIKKELING 124

    TRUC 125

LINZENCURRY MET APPEL 126
    INGREDIËNTEN 126
    ONTWIKKELING 126
    TRUC 127
NAAR NAVARE RIJDEN 128
    INGREDIËNTEN 128
    ONTWIKKELING 128
    TRUC 129
LINZEN 130
    INGREDIËNTEN 130
    ONTWIKKELING 130
    TRUC 131
BONENMUSSAKA MET PADDESTOELEN 132
    INGREDIËNTEN 132
    ONTWIKKELING 132
    TRUC 133
Kerstavond is ondergedoken 134
    INGREDIËNTEN 134
    ONTWIKKELING 134
    TRUC 135
POCHAS MET ZWARTEN 136
    INGREDIËNTEN 136
    ONTWIKKELING 136
    TRUC 137
KABELJAUW AJOARRIERO 139
    INGREDIËNTEN 139

- ONTWIKKELING 139
- TRUC 139
- GESTOOMDE SHERRY 140
  - INGREDIËNTEN 140
  - ONTWIKKELING 140
  - TRUC 140
- ALLEN EN PEBRE VAN ZEEDELINGEN MET GARNALEN 141
  - INGREDIËNTEN 141
  - ONTWIKKELING 142
  - TRUC 142
- GEBAKKEN SW 143
  - INGREDIËNTEN 143
  - ONTWIKKELING 143
  - TRUC 143
- MARINERA-KLEMMEN 144
  - INGREDIËNTEN 144
  - ONTWIKKELING 144
  - TRUC 145
- KABELJAUW MET PILPIL 146
  - INGREDIËNTEN 146
  - ONTWIKKELING 146
  - TRUC 146
- ANKER IN BIER IN BIER 148
  - INGREDIËNTEN 148
  - ONTWIKKELING 148
  - TRUC 148

PIJKTVIS IN INKT 149
    INGREDIËNTEN 149
    ONTWIKKELING 149
    TRUC 149
COD RANERO CLUB 151
    INGREDIËNTEN 151
    ONTWIKKELING 151
    TRUC 152
ZOOL MET SINAASAPPEL 153
    INGREDIËNTEN 153
    ONTWIKKELING 153
    TRUC 153
RIOJANA MARINE 155
    INGREDIËNTEN 155
    ONTWIKKELING 155
    TRUC 156
KABELJAUW MET AARDBEIENSAUS 157
    INGREDIËNTEN 157
    ONTWIKKELING 157
    TRUC 157
Ingelegde forel 158
    INGREDIËNTEN 158
    ONTWIKKELING 158
    TRUC 159
BILBAINE STIJL NAADLOOS 160
    INGREDIËNTEN 160

ONTWIKKELING 160

TRUC 160

GARNAAL 161

INGREDIËNTEN 161

ONTWIKKELING 161

TRUC 161

KABELJAUW VLOKKEN 162

INGREDIËNTEN 162

ONTWIKKELING 162

TRUC 162

DOURADO kabeljauw 164

INGREDIËNTEN 164

ONTWIKKELING 164

TRUC 164

BASKISCHE KRAB 165

INGREDIËNTEN 165

ONTWIKKELING 165

TRUC 166

ANKER IN AZIJN 167

INGREDIËNTEN 167

ONTWIKKELING 167

TRUC 167

COD-MARK 168

INGREDIËNTEN 168

ONTWIKKELING 168

TRUC 168

ADOBO-POEDER (BIENMESABE) 169
- INGREDIËNTEN 169
- ONTWIKKELING 169
- TRUC 170

CITRUSPICLINGS EN TONIJN 171
- INGREDIËNTEN 171
- ONTWIKKELING 171
- TRUC 172

BEKLEDING MET GARNALEN 173
- INGREDIËNTEN 173
- ONTWIKKELING 173
- TRUC 173

TONIJNVLAAN MET BASILICUM 174
- INGREDIËNTEN 174
- ONTWIKKELING 174
- TRUC 174

LA MENIER ZOOL 175
- INGREDIËNTEN 175
- ONTWIKKELING 175
- TRUC 175

ZALMLOIN MET CAVA 176
- INGREDIËNTEN 176
- ONTWIKKELING 176
- TRUC 176

ZITPLAATS IN BILBAÍN-STIJL MET PIQUILTOS 177
- INGREDIËNTEN 177

ONTWIKKELING	177
TRUC	177
MULAS IN VINAIGRETA	**179**
INGREDIËNTEN	179
ONTWIKKELING	179
TRUC	179
MARMITAKO	**180**
INGREDIËNTEN	180
ONTWIKKELING	180
TRUC	181
ZEEBAARS IN ZOUT	**182**
INGREDIËNTEN	182
ONTWIKKELING	182
TRUC	182
GESTOOMDE MUSELS	**183**
INGREDIËNTEN	183
ONTWIKKELING	183
TRUC	183
Galicische heek	184
INGREDIËNTEN	184
ONTWIKKELING	184
TRUC	184
KOSKERA heek	186
INGREDIËNTEN	186
ONTWIKKELING	186
TRUC	187

MESSEN MET KNOFLOOK EN CITROEN 188
- INGREDIËNTEN 188
- ONTWIKKELING 188
- TRUC 188

WEGBOUWWEG 189
- INGREDIËNTEN 189
- ONTWIKKELING 189
- TRUC 190

MONDERVIS MET ZACHTE KNOFLOOKCRÈME 191
- INGREDIËNTEN 191
- ONTWIKKELING 191
- TRUC 192

Heek in cider met appelmuntcompote 193
- INGREDIËNTEN 193
- ONTWIKKELING 193
- TRUC 194

GEMARINEERDE ZALM 195
- INGREDIËNTEN 195
- ONTWIKKELING 195
- TRUC 195

Forel met blauwe kaas 196
- INGREDIËNTEN 196
- ONTWIKKELING 196
- TRUC 196

TONIJN TATAKI GEMARINEERD IN SOJA 198
- INGREDIËNTEN 198

ONTWIKKELING 198
TRUC 198
Heek taart 200
    INGREDIËNTEN 200
    ONTWIKKELING 200
    TRUC 200
PEPERS Gevuld met dodder 201
    INGREDIËNTEN 201
    ONTWIKKELING 201
    TRUC 202
RADIO 203
    INGREDIËNTEN 203
    ONTWIKKELING 203
    TRUC 203
PAUW-SOLDAATJES 204
    INGREDIËNTEN 204
    ONTWIKKELING 204
    TRUC 205
GARNALEN ROOM 206
    INGREDIËNTEN 206
    ONTWIKKELING 206
    TRUC 206
Forel naar Navarra 207
    INGREDIËNTEN 207
    ONTWIKKELING 207
    TRUC 207

ZALMTARTAAR MET AVOCADO 208
- INGREDIËNTEN 208
- ONTWIKKELING 208
- TRUC 208

Sint-jakobsschelpen op Galicische wijze 210
- INGREDIËNTEN 210
- ONTWIKKELING 210
- TRUC 210

KIP IN PADDESTOELENSAUS 212
- INGREDIËNTEN 212
- ONTWIKKELING 212
- TRUC 213

KIP GEPLUKT IN CIDER 214
- INGREDIËNTEN 214
- ONTWIKKELING 214
- TRUC 214

KIPPENSTEW MET NUSKALKKA 215
- INGREDIËNTEN 215
- ONTWIKKELING 215
- TRUC 216

MADRIL KIPFILET 217
- INGREDIËNTEN 217
- ONTWIKKELING 217
- TRUC 217

KIP FRICANDO MET SHIITAKE PADDESTOELEN 218
- INGREDIËNTEN 218

ONTWIKKELING 218
TRUC 219

KIPKUSSENS MET WHISKY

INGREDIËNTEN

12 kippendijen

200 ml room

150 ml whisky

100 ml kippenbouillon

3 dooiers

1 lente-ui

Meel

olijfolie

Zout en peper

ONTWIKKELING

Breng op smaak met bloem en bak de kippenpoten bruin. Verwijderen en reserveren.

Fruit de fijngesneden ui in dezelfde olie gedurende 5 minuten. Voeg whisky toe en flambeer (de kap moet uitgeschakeld zijn). Giet de room en de bouillon erbij. Voeg de kip opnieuw toe en laat 20 minuten op laag vuur koken.

Haal van het vuur, voeg de dooiers toe en meng goed om de saus iets dikker te maken. Breng indien nodig op smaak met peper en zout.

TRUC

Whisky kan worden vervangen door de alcoholische drank die we het lekkerst vinden.

GEBRADEN EEND

INGREDIËNTEN

1 schone eend

1 liter kippenbouillon

4 dl sojasaus

3 eetlepels honing

2 teentjes knoflook

1 kleine ui

1 cayennepeper

verse gember

olijfolie

Zout en peper

ONTWIKKELING

Meng in een kom kippenbouillon, soja, geraspte knoflook, fijngehakte cayennepeper en ui, honing, een stukje geraspte gember en paprika. Marineer de eend in dit mengsel gedurende 1 uur.

Haal het uit de marinade en plaats het op een bakplaat met de helft van het marinadevocht. Bak aan elke kant 10 minuten op 200ºC. Voortdurend nat gemaakt met een borstel.

Verlaag de oven tot 180 ºC en bak nog eens 18 minuten aan elke kant (ga elke 5 minuten verder met een penseel).

Haal de eend eruit, zet hem opzij en laat de saus in een pan op middelhoog vuur tot de helft inkoken.

TRUC

Bak de vogels eerst met de borst naar beneden, hierdoor worden ze minder droog en sappiger.

VILLAROY KIPPENBORST

INGREDIËNTEN

1 kg kipfilet

2 wortels

2 stengels bleekselderij

1 ui

1 zie

1 raap

Meel, ei en paneermeel (voor paneren)

Voor bechamelsaus

1 liter melk

100 g boter

100 g bloem

gemalen nootmuskaat

Zout en peper

ONTWIKKELING

Kook alle schone groenten in 2 liter water (koud) gedurende 45 minuten.

Maak intussen de bechamelsaus klaar door de bloem 5 minuten in boter op middelhoog vuur te bakken. Voeg vervolgens de melk toe en meng. Breng op smaak en voeg nootmuskaat toe. Kook gedurende 10 minuten op laag vuur en blijf kloppen.

Zeef de bouillon en kook de borsten (heel of gefileerd) hierin gedurende 15 minuten. Verwijder en laat ze afkoelen. Bak de borsten goed aan met de bechamelsaus en zet ze in de koelkast. Haal het na afkoelen door de bloem, vervolgens door het ei en ten slotte door het paneermeel. Bak in voldoende olie en serveer warm.

TRUC

Van de bouillon en de gemalen groenten kun je een heerlijke crème maken.

KIPPENBORST MET CITROENMOSTERDSAUS

INGREDIËNTEN

4 kipfilets

250 ml room

3 eetlepels cognac

3 eetlepels mosterd

1 eetlepel bloem

2 teentjes knoflook

1 citroen

½ lente-uitjes

olijfolie

Zout en peper

ONTWIKKELING

Snijd de borsten in normale stukken, breng op smaak met een beetje olijfolie en bruin. Reserveren.

Fruit de ui en de fijngehakte knoflook in dezelfde olie. Voeg bloem toe en kook gedurende 1 minuut. Voeg de cognac toe tot deze verdampt en giet de room, 3 eetlepels citroensap en citroenschil, mosterd en zout erbij. Kook de saus gedurende 5 minuten.

Voeg de kip weer toe en laat nog 5 minuten koken.

TRUC

Rasp de citroen voordat je het sap uitperst. Om geld te besparen kun je het ook maken met gehakte kip in plaats van borst.

GEBAKKEN PINTADA MET PRUIMEN EN PADDESTOELEN

INGREDIËNTEN

1 geschilderd

250 gram champignons

200 ml poort

¼ liter kippenbouillon

15 pitloze pruimen

1 teentje knoflook

1 theelepel bloem

olijfolie

Zout en peper

ONTWIKKELING

Breng op smaak met peper en zout en bak de parelhoen samen met de pruimen gedurende 40 minuten op 175 ºC. Draai hem halverwege het bakken om. Verwijder na deze tijd de sappen en bewaar ze.

Bak 2 eetlepels olie en bloem in een pan gedurende 1 minuut. Baad met wijn en laat het tot de helft inkoken. Bevochtig met gebraden sappen en bouillon. Kook gedurende 5 minuten zonder te stoppen met roeren.

Bak de champignons apart met een beetje gehakte knoflook, voeg toe aan de saus en breng aan de kook. Serveer parelhoenders met saus.

TRUC

Voor speciale gelegenheden kunnen parelhoenders worden gevuld met appel, foie gras, gehakt en gedroogd fruit.

 AVES

VILLAROY KIPBORST GEVULD MET GEKARAMELISEERDE PIQUILAS MET MODENA AZIJN

INGREDIËNTEN

4 kipfiletfilets

100 g boter

100 g bloem

1 liter melk

1 blik piquillo-pepers

1 kopje Modena-azijn

½ kopje suiker

Nootmuskaat

Ei en paneermeel (voor paneren)

olijfolie

Zout en peper

ONTWIKKELING

Bak de boter en de bloem gedurende 10 minuten op laag vuur. Giet vervolgens de melk erbij en kook gedurende 20 minuten, onder voortdurend roeren. Breng op smaak en voeg nootmuskaat toe. Koel.

Karameliseer ondertussen de paprika's met azijn en suiker tot de azijn begint (net) dikker te worden.

Kruid de filets en vul ze met piquillo. Wikkel de borsten in transparante folie als zeer stevige snoepjes, sluit ze en kook ze 15 minuten in water.

Na het koken de bechamelsaus aan alle kanten verdelen en door het losgeklopte ei en het paneermeel halen. Bak in voldoende olie.

TRUC

Als je een paar eetlepels curry toevoegt terwijl je de bloem in een bechamelsaus bakt, zal het resultaat anders en zeer rijk zijn.

KIPPENBORST GEVULD MET BACON, PADDESTOELEN EN KAAS

INGREDIËNTEN

4 kipfiletfilets

100 g champignons

4 plakjes gerookt spek

2 eetlepels mosterd

6 eetlepels room

1 ui

1 teentje knoflook

gesneden kaas

olijfolie

Zout en peper

ONTWIKKELING

Kruid de kipfilets. Maak de champignons schoon en snijd ze in vieren.

Bak het spek bruin en bak de gehakte champignons en knoflook op hoog vuur.

Vul de filets met spek, kaas en champignons en bedek ze vervolgens met perfect transparante folie, zoals snoep. Kook gedurende 10 minuten in kokend water. Verwijder de folie en filet.

Aan de andere kant fruit je de ui, in kleine stukjes gesneden, voeg room en mosterd toe, bak 2 minuten en meng. Saus over kip

TRUC

Transparante folie is bestand tegen hoge temperaturen en geeft geen smaak aan gerechten.

KIP IN ZOETE WIJN MET PRUIMEN

INGREDIËNTEN

1 grote kip

100 g pitloze pruimen

½ liter kippenbouillon

½ fles zoete wijn

1 lente-ui

2 wortels

1 teentje knoflook

1 eetlepel bloem

olijfolie

Zout en peper

ONTWIKKELING

Breng de stukken kip op smaak en bak ze bruin in een zeer hete pan met olijfolie. Afhalen en reserveren.

Fruit in dezelfde olie de ui, knoflook en fijngehakte wortel. Als de groenten goed gaar zijn, voeg je de bloem toe en kook je nog een minuut.

Baad in zoete wijn en verhoog het vuur tot het bijna volledig is verminderd. Bevochtig met bouillon en voeg opnieuw kip en pruimen toe.

Kook ongeveer 15 minuten of tot de kip gaar is. Haal de kip eruit en meng de saus. Breng op smaak met zout.

TRUC

Als je wat koude boter aan de gemalen saus toevoegt en deze met een garde klopt, wordt deze dikker en glanzend.

ORANJE KIPPENBORST MET CASHEWNOTEN

INGREDIËNTEN

4 kipfilets

75 gram cashewnoten

2 kopjes vers sinaasappelsap

4 eetlepels honing

2 eetlepels Cointreau

Meel

olijfolie

Zout en peper

ONTWIKKELING

Kruid de borsten en bestrooi ze met bloem. Bak royaal in olie, verwijder en zet opzij.

Kook het sinaasappelsap met Cointreau en honing gedurende 5 minuten. Voeg de borsten toe aan de saus en kook op laag vuur gedurende 8 minuten.

Serveer met saus en cashewnoten er bovenop.

TRUC

Een andere manier om een goede sinaasappelsaus te maken is door te beginnen met karamels die niet erg donker zijn, waaraan je natuurlijk sinaasappelsap toevoegt.

Ingelegde poep

INGREDIËNTEN

4 patrijzen

300 g ui

200 g wortelen

2 glazen witte wijn

1 kop knoflook

1 laurierblad

1 kopje azijn

1 kopje olie

zout en 10 peperkorrels

ONTWIKKELING

Kruid de patrijzen en bak ze bruin op hoog vuur. Verwijderen en reserveren.

Bak de wortels en julienne uien in dezelfde olie. Als de groenten zacht zijn, voeg je de wijn, azijn, peper, zout, knoflook en laurier toe. Bak gedurende 10 minuten.

Doe de patrijs er weer in en laat nog 10 minuten koken.

TRUC

Om het gemarineerde vlees of de vis smaakvoller te maken, kunt u het beste minimaal 24 uur laten rusten.

KIP MET CACCITOR

INGREDIËNTEN

1 gehakte kip

50 g champignons in plakjes gesneden

½ liter kippenbouillon

1 glas witte wijn

4 geraspte tomaten

2 wortels

2 teentjes knoflook

1 zie

½ ui

1 bosje aromatische kruiden (tijm, rozemarijn, laurier...)

olijfolie

Zout en peper

ONTWIKKELING

Breng de kip op smaak en bak hem bruin in een zeer hete pan met een beetje olie. Afhalen en reserveren.

Fruit in dezelfde olie de in blokjes gesneden wortel, knoflook, prei en ui. Voeg vervolgens de geraspte tomaat toe. Bak tot de tomaat water verliest. Leg de kip terug.

Bak de champignons apart mee en voeg deze ook toe aan de stoofpot. Baad jezelf in een glas wijn en laat het inkoken.

Bevochtig met bouillon en voeg aromatische kruiden toe. Kook tot de kip gaar is. Zout aanpassen.

TRUC

Dit gerecht kan ook gemaakt worden met kalkoen of zelfs konijn.

COCA Cola STIJL KIPPENVLEUGELS

INGREDIËNTEN

1 kg kippenvleugels

½ liter cola

4 eetlepels bruine suiker

2 eetlepels sojasaus

1 platte eetlepel oregano

½ citroen

Zout en peper

ONTWIKKELING

Doe Coca-Cola, suiker, soja, oregano en sap van ½ citroen in de pan en kook gedurende 2 minuten.

Snijd de vleugels doormidden en breng op smaak met zout. Bak ze op 160 ºC tot ze wat kleur krijgen. Voeg intussen de helft van de saus toe en draai de vleugels. Draai ze elke 20 minuten om.

Als de saus bijna is ingekookt, voeg je de andere helft toe en bak je verder tot de saus dikker wordt.

TRUC

Het toevoegen van een vanilletakje bij het bereiden van de saus versterkt de smaak en geeft meer karakter.

KIP MET KNOFLOOK

INGREDIËNTEN

1 gehakte kip

8 teentjes knoflook

1 glas witte wijn

1 eetlepel bloem

1 cayennepeper

Azijn

olijfolie

Zout en peper

ONTWIKKELING

Kruid de kip en bak hem goed bruin. Reserveer en wacht tot de olie is afgekoeld.

Snij de teentjes knoflook in blokjes en konfijt (bak in olie, niet bakken) de knoflook en cayennepeper, zonder de kleur te veranderen.

Baad met wijn en laat het inkoken tot het een bepaalde dikte heeft bereikt maar niet uitdroogt.

Voeg vervolgens de kip en een theelepel bloem toe. Meng het geheel (controleer of de knoflook aan de kip plakt; zo niet, voeg dan nog wat bloem toe tot het een beetje plakt).

Dek af en roer af en toe. Kook gedurende 20 minuten op laag vuur. Voeg ten slotte een beetje azijn toe en kook nog 1 minuut.

TRUC

Gebakken kip is essentieel. Het moet erg heet zijn, zodat het goudbruin blijft aan de buitenkant en sappig aan de binnenkant.

KIP CHILINDRÓN

INGREDIËNTEN

1 kleine kip, gehakt

350 g gehakte Serranoham

1 blikje van 800 g geplette tomaat

1 grote rode paprika

1 grote groene paprika

1 grote ui

2 teentjes knoflook

tijm

1 glas witte of rode wijn

Suiker

olijfolie

Zout en peper

ONTWIKKELING

Kruid de kip en bak op hoog vuur. Afhalen en reserveren.

Bak in dezelfde olie de paprika, knoflook en ui, in middelgrote stukken gesneden. Als de groenten mooi bruin zijn, voeg je de ham toe en kook je nog eens 10 minuten.

Doe de kip er weer in en geef hem een wijnbad. Laat 5 minuten op hoog vuur staan en voeg de tomaat en tijm toe. Zet het vuur lager en laat nog eens 30 minuten sudderen. Pas zout en suiker aan.

TRUC

Hetzelfde recept kan worden gemaakt met gehaktballetjes. Er blijft niets meer over op het bord!

PICLINGS MET KWARTELS EN RODE VRUCHTEN

INGREDIËNTEN

4 kwartels

150 g rood fruit

1 kopje azijn

2 glazen witte wijn

1 wortel

1 zie

1 teentje knoflook

1 laurierblad

Meel

1 kopje olie

Zout en peper

ONTWIKKELING

Bloem, breng op smaak en bak de kwartels bruin in een pot. Afhalen en reserveren.

Snijd de wortels en prei in staafjes en de gehakte knoflook in dezelfde olie. Als de groenten zacht zijn, voeg je de olie, azijn en wijn toe.

Voeg laurierblad en peper toe. Breng op smaak met zout en kook samen met het rode fruit 10 minuten.

Voeg de kwartel toe en kook nog 10 minuten tot hij zacht is. Zet afgedekt en uit de buurt van hitte weg.

TRUC

Deze marinade is samen met kwartelvlees een heerlijke dressing en een aanvulling op een goede hartensalade.

KIP MET CITROEN

INGREDIËNTEN

1 kip

30 gram suiker

25 g boter

1 liter kippenbouillon

1 dl witte wijn

sap van 3 citroenen

1 ui

1 zie

olijfolie

Zout en peper

ONTWIKKELING

Snijd de kip en breng op smaak. Bruin op hoog vuur en verwijder.

Pel de ui, maak de prei schoon en snij in juliennereepjes. Bak de groenten in dezelfde olie die gebruikt is om de kip te maken. Neem een bad met de wijn en laat inkoken.

Voeg citroensap, suiker en bouillon toe. Laat 5 minuten koken en zet de kip opzij. Kook nog eens 30 minuten op laag vuur. Breng op smaak met zout en peper.

TRUC

Om de saus fijner en zonder stukjes groente te maken kun je deze beter fijnmalen.

SAN JACOBO KIP MET SERRANOHAM, CASARGEBAKJE EN ARUCOLA

INGREDIËNTEN

8 dunne kipfilets

150 g Caesarcake

100 g rucola

4 plakjes Serranoham

Meel, ei en ontbijtgranen (voor paneren)

olijfolie

Zout en peper

ONTWIKKELING

Kruid de kipfilets en bestrijk ze met kaas. Leg de rucola en de serranoham op één ervan en leg de andere er bovenop om deze af te sluiten. Doe hetzelfde met de rest.

Meng ze met bloem, losgeklopt ei en gemalen ontbijtgranen. Bak in ruim hete olie gedurende 3 minuten.

TRUC

Het kan worden bestrooid met gemalen popcorn, kiko of zelfs wormen. Het resultaat is erg grappig.

GEBAKKEN CURRY MET KIP

INGREDIËNTEN

4 kippenbouten (per persoon)

1 liter room

1 lente-ui of ui

2 eetlepels kerrie

4 natuurlijke yoghurts

Zout

ONTWIKKELING

Snijd de ui in kleine stukjes en meng deze met de yoghurt, room en curry in een kom. Breng op smaak met zout.

Doe een paar stukjes in de kip en marineer deze 24 uur in de yoghurtsaus.

Bak gedurende 90 minuten op 180ºC, verwijder de kip en serveer met opgeklopte saus.

TRUC

Als er nog saus over is, kun je daar heerlijke gehaktballetjes van maken.

KIP IN RODE WIJN

INGREDIËNTEN

1 gehakte kip

½ liter rode wijn

1 takje rozemarijn

1 takje tijm

2 teentjes knoflook

2 seizoenen

1 rode paprika

1 wortel

1 ui

Kippen bouillon

Meel

olijfolie

Zout en peper

ONTWIKKELING

Kruid en bak de kip in een zeer hete pan. Afhalen en reserveren.

Snijd de groenten in kleine stukjes en bak ze in dezelfde olie waarin de kip gebakken is.

Baad met wijn, voeg aromatische kruiden toe en kook ongeveer 10 minuten op hoog vuur tot het is ingekookt. Roer de kip er opnieuw door en bevochtig met bouillon tot deze onderstaat. Kook nog eens 20 minuten of tot het vlees gaar is.

TRUC

Als je een dunnere saus zonder stukjes wilt, meng en zeef de saus.

GEBAKKEN KIP MET ZWART BIER

INGREDIËNTEN

4 kippenkontjes

750 ml donker bier

1 eetlepel komijn

1 takje tijm

1 takje rozemarijn

2 uien

3 teentjes knoflook

1 wortel

Zout en peper

ONTWIKKELING

Snij de ui, wortel en knoflook in julienne. Leg de tijm en rozemarijn op de bodem van de bakplaat en beleg met de ui, wortel en knoflook; en dan kippenbouten, met de huid naar beneden, gekruid met een snufje komijn. Bak ongeveer 45 minuten op 175ºC.

Na 30 minuten bevochtigen met bier, de bodems omdraaien en nog eens 45 minuten bakken. Als de kip gaar is, haal je hem van de bakplaat en meng je de saus.

TRUC

Als we 2 gehakte appels in het midden van het braadstuk toevoegen en dit met de rest van de saus mengen, wordt de smaak nog beter.

CHOCOLADE KOP

INGREDIËNTEN

4 patrijzen

½ liter kippenbouillon

½ kopje rode wijn

1 takje rozemarijn

1 takje tijm

1 lente-ui

1 wortel

1 teentje knoflook

1 geraspte tomaat

Chocolade

olijfolie

Zout en peper

ONTWIKKELING

Kruid de patrijzen en bak ze bruin. Reserveren.

Fruit de fijngesneden wortel, knoflook en lente-ui in dezelfde olie op middelhoog vuur. Verhoog het vuur en voeg de tomaat toe. Kook totdat het water verliest. Neem een bad met de wijn en laat deze bijna volledig inkoken.

Bevochtig met bouillon en voeg kruiden toe. Kook op laag vuur tot de patrijzen zacht zijn. Zout aanpassen. Haal van het vuur en voeg chocolade naar smaak toe. Verwijderen.

TRUC

Om het gerecht een pittige toets te geven, kun je cayennepeper toevoegen en als je het knapperig wilt, kun je geroosterde hazelnoten of amandelen toevoegen.

GEBAKKEN KALKOEN TRAINERS MET RODE FRUITSAUS

INGREDIËNTEN

4 kalkoenkontjes

250 g rood fruit

½ liter mousserende wijn

1 takje tijm

1 takje rozemarijn

3 teentjes knoflook

2 seizoenen

1 wortel

olijfolie

Zout en peper

ONTWIKKELING

Maak de prei, wortels en knoflook schoon en snijd ze in julienne. Leg deze groente samen met de tijm, rozemarijn en rode bessen op een bakplaat.

Leg de kalkoenkwarten erop, besprenkeld met olijfolie, met het vel naar beneden. Bak gedurende 1 uur op 175ºC.

Baden met cava na 30 min. Draai het vlees om en bak nog eens 45 minuten. Haal het na deze tijd uit de lade. Meng, zeef en corrigeer de saus met zout.

TRUC

De kalkoen is klaar als de dijen en de dij er gemakkelijk af vallen.

GEBAKKEN KIP MET PERZIKSAUS

INGREDIËNTEN

4 kippenkontjes

½ liter witte wijn

1 takje tijm

1 takje rozemarijn

3 teentjes knoflook

2 perziken

2 uien

1 wortel

olijfolie

Zout en peper

ONTWIKKELING

Snij de ui, wortel en knoflook in julienne. Schil de perziken, halveer ze en verwijder het bot.

Leg de tijm en rozemarijn samen met de wortels, ui en knoflook op de bodem van de bakplaat. Leg het bot erop, bestrijk het met olijfolie, met het vel naar beneden en bak ongeveer 45 minuten op 175ºC.

Na 30 minuten baden in witte wijn, omdraaien en nog eens 45 minuten bakken. Als de kip gaar is, haal je hem van de bakplaat en meng je de saus.

TRUC

Je kunt appels of peren aan het braadstuk toevoegen. De saus zal heerlijk smaken.

KIPFILET GEVULD MET SPINAZIE EN MOZZARELLA

INGREDIËNTEN

8 dunne kipfilets

200 gram verse spinazie

150 g mozarella

8 basilicumblaadjes

1 theelepel gemalen komijn

Meel, ei en paneermeel (voor paneren)

olijfolie

Zout en peper

ONTWIKKELING

Kruid de borsten aan beide kanten. Bestrooi met spinazie, gebroken kaas en gehakte basilicum en bedek met een andere filet. Haal het mengsel door de bloem, het losgeklopte ei en het paneermeel-komijnmengsel.

Bak een paar minuten aan elke kant en verwijder overtollige olie op absorberend papier.

TRUC

De perfecte aanvulling is een goede tomatensaus. Dit gerecht kan gemaakt worden met kalkoen of zelfs met een vers reepje ossenhaas.

GEBAKKEN KIP MET CAVA

INGREDIËNTEN

4 kippenkontjes

1 fles mousserende wijn

1 takje tijm

1 takje rozemarijn

3 teentjes knoflook

2 uien

olijfolie

Zout en peper

ONTWIKKELING

Snij de ui en knoflook julienne. Leg de tijm en rozemarijn op de bodem van de bakplaat, leg de ui, knoflook en gekruide achterpoten met de velkant naar beneden. Bak ongeveer 45 minuten op 175ºC.

Na 30 minuten baden met cava, terugdraaien en nog eens 45 minuten bakken. Als de kip gaar is, haal je hem van de bakplaat en meng je de saus.

TRUC

Een andere variabele van hetzelfde recept is het maken van lambrusco of zoete wijn.

kipspiesjes met pindasaus

INGREDIËNTEN

600 gram kipfilet

150 g pinda's

500 ml kippenbouillon

200 ml room

3 eetlepels sojasaus

3 eetlepels honing

1 eetlepel kerrie

1 fijngehakte cayennepeper

1 eetlepel limoensap

olijfolie

Zout en peper

ONTWIKKELING

Maal de pinda's heel goed totdat ze een pasta worden. Meng ze in een kom met het limoensap, de bouillon, soja, honing, curry, zout en peper. Snijd de borsten in stukjes en laat ze een nacht in dit mengsel marineren.

Haal de kip eruit en leg deze op de spiesjes. Kook het vorige mengsel samen met de room op laag vuur gedurende 10 minuten.

Bak de spiesjes in een pan op middelhoog vuur en serveer met de saus er bovenop.

TRUC

Ze kunnen worden gemaakt van kippenpeuken. Maar in plaats van ze bruin te bakken in een pan, bak je ze in de oven met de saus er bovenop.

KIP IN PEPITORIA

INGREDIËNTEN

1 ½ kg kip

250 g ui

50 g geroosterde amandelen

25 gram gebakken brood

½ liter kippenbouillon

¼ liter goede wijn

2 teentjes knoflook

2 laurierblaadjes

2 hardgekookte eieren

1 eetlepel bloem

14 strengen saffraan

150 g olijfolie

Zout en peper

ONTWIKKELING

Snijd de kip in stukken en kruid deze. Brons en reserve.

Snijd de ui en knoflook in kleine stukjes en bak ze in dezelfde olie waarin de kip gebakken was. Voeg de bloem toe en bak op laag vuur gedurende 5 minuten. Neem een bad met de wijn en laat inkoken.

Bevochtig met zoute bouillon en kook nog eens 15 minuten. Voeg vervolgens de gereserveerde kip toe samen met de laurierblaadjes en kook tot de kip gaar is.

Rooster de saffraan apart en doe deze samen met het gebakken brood, de amandelen en de eidooiers in de vijzel. Pureer tot een pasta en voeg toe aan de kipstoofpot. Kook nog 5 minuten.

TRUC

Er is geen betere aanvulling op dit recept dan een goede rijstpilaf. Het kan worden geserveerd met gehakt eiwit en wat fijngehakte peterselie erbovenop.

ORANJE KIP

INGREDIËNTEN

1 kip

25 g boter

1 liter kippenbouillon

1 dl roséwijn

2 eetlepels honing

1 takje tijm

2 wortels

2 sinaasappels

2 seizoenen

olijfolie

Zout en peper

ONTWIKKELING

Kruid en bak de gesneden kip in olijfolie op hoog vuur. Verwijderen en reserveren.

Schil de wortels en prei, maak ze schoon en snijd ze in juliennereepjes. Kook in dezelfde olie waarin de kip bruin werd. Baad met wijn en kook op hoog vuur tot het is ingekookt.

Voeg sinaasappelsap, honing en bouillon toe. Laat 5 minuten koken en voeg de stukken kip opnieuw toe. Stoof op laag vuur gedurende 30 minuten. Voeg koude boter toe en breng op smaak met peper en zout.

TRUC

Je kunt een flinke handvol noten weglaten en deze aan het einde van de bereiding aan de stoofpot toevoegen.

KIPPENSTEW MET BOKKEN

INGREDIËNTEN

1 kip

200 g Serranoham

200 g eekhoorntjesbrood

50 g boter

600 ml kippenbouillon

1 glas witte wijn

1 takje tijm

1 teentje knoflook

1 wortel

1 ui

1 tomaat

olijfolie

Zout en peper

ONTWIKKELING

Snijd de kip, kruid hem en bak hem bruin in boter en een beetje olie. Verwijderen en reserveren.

Fruit in hetzelfde vet de ui, wortel en knoflook, in kleine stukjes gesneden, samen met de in blokjes gesneden ham. Verhoog het vuur en voeg de gehakte boletus toe. Kook gedurende 2 minuten, voeg de geraspte tomaat toe en kook totdat al het water verloren is.

Voeg de stukken kip opnieuw toe en baad met wijn. Laat inkoken tot de saus bijna droog is. Bevochtig met bouillon en voeg tijm toe. Kook op laag vuur gedurende 25 minuten of tot de kip gaar is. Zout aanpassen.

TRUC

Gebruik seizoens- of gedroogde paddenstoelen.

KIPPENSPREAD MET NOTEN EN SOJA

INGREDIËNTEN

3 kipfilets

70 g rozijnen

30 g amandelen

30 gram cashewnoten

30 g walnoten

30 g hazelnoten

1 kopje kippenbouillon

3 eetlepels sojasaus

2 teentjes knoflook

1 cayennepeper

1 citroen

Gember

olijfolie

Zout en peper

ONTWIKKELING

Snijd de borsten, breng op smaak met zout en peper en bak ze bruin in een pan op hoog vuur. Verwijderen en reserveren.

Fruit de noten in deze olie samen met geraspte knoflook, een stukje geraspte gember, cayennepeper en citroenschil.

Voeg rozijnen, gereserveerde kipfilets en soja toe. Laat 1 minuut inkoken en baad in de bouillon. Kook nog 6 minuten op middelhoog vuur en voeg indien nodig zout toe.

TRUC

Het gebruik van zout zal vrijwel niet nodig zijn, omdat dit vrijwel geheel uit sojabonen komt.

CHOCOLADEKIP MET Geroosterde AMANDELEN

INGREDIËNTEN

1 kip

60 g geraspte pure chocolade

1 glas rode wijn

1 takje tijm

1 takje rozemarijn

1 laurierblad

2 wortels

2 teentjes knoflook

1 ui

Bouillon (of water)

Geroosterde amandelen

Extra vergine olijfolie

Zout en peper

ONTWIKKELING

Snijd de kip in stukken, breng op smaak en bak deze bruin in een zeer hete pan. Verwijderen en reserveren.

Fruit in dezelfde olie de ui, wortel en knoflookteentjes, in kleine stukjes gesneden, op laag vuur.

Voeg het laurierblad en de takjes tijm en rozemarijn toe. Voeg de wijn en de bouillon toe en laat 40 minuten koken. Breng op smaak met zout en verwijder de kip.

Haal de saus door een blender en voeg deze toe aan de pot. Voeg de kip en chocolade toe en roer tot de chocolade smelt. Laat nog 5 minuten koken om de smaken te mengen.

TRUC

Garneer met geroosterde amandelen bovenop. Het toevoegen van cayennepeper of chilipeper geeft het een pittige kick.

LAMSKEBS MET PEPER EN MOSTERDVINAIGRETE

INGREDIËNTEN

350 g lamsvlees

2 eetlepels azijn

1 platte eetlepel paprikapoeder

1 platte eetlepel mosterd

1 platte eetlepel suiker

1 bakje kerstomaatjes

1 groene paprika

1 rode paprika

1 kleine lente-ui

1 ui

5 eetlepels olijfolie

Zout en peper

ONTWIKKELING

Maak de groenten schoon en snijd ze, behalve de lente-uitjes, in middelgrote vierkanten. Snijd het lamsvlees in blokjes van dezelfde grootte. Monteer de spiesjes, afwisselend een stuk vlees en een stuk groente. Seizoen. Bak ze in een zeer hete pan met een beetje olie gedurende 1 à 2 minuten aan elke kant.

Meng apart de mosterd, paprika, suiker, olie, azijn en in kleine stukjes gesneden ui in een kom. Breng op smaak met zout en emulgeer.

Serveer vers bereide spiesjes met een beetje pepersaus.

TRUC

Je kunt ook 1 eetlepel kerriepoeder en een beetje citroenschil aan de vinaigrette toevoegen.

KALFSvin gevuld met port

INGREDIËNTEN

1 kg kalfsvin (openen in het boek om te vullen)

350 g varkensgehakt

1 kg wortelen

1 kg ui

100 g pijnboompitten

1 klein blikje piquillo-pepers

1 blikje zwarte olijven

1 pakje spek

1 kop knoflook

2 laurierblaadjes

Porto

Vleesbouillon

olijfolie

Zout en peper

ONTWIKKELING

Kruid de vin aan beide kanten. Vul met varkensvlees, pijnboompitten, gehakte paprika, in vieren gesneden olijven en spek in reepjes gesneden. Rol het op en plaats er een net- of draadbinderhoofdstel in. Bruin op zeer hoog vuur, verwijder en zet opzij.

Snijd de wortels, ui en knoflook in brunoises en bak ze bruin in dezelfde olie waarin het kalfsvlees gebakken is. Zet de vin er weer op. Baden met wat port en vleesbouillon tot alles onder staat. Voeg 8 peperkorrels en laurierblaadjes toe. Kook afgedekt op laag vuur gedurende 40 minuten. Elke 10 minuten keren. Als het vlees zacht is, verwijder en meng de saus.

TRUC

Port kan worden vervangen door elke andere wijn of champagne.

MADRILEÑA VLEESVALS

INGREDIËNTEN

1 kg rundergehakt

500 gram varkensgehakt

500 g rijpe tomaten

150 g ui

100 g champignons

1 liter vleesbouillon (of water)

2 dl witte wijn

2 eetlepels verse peterselie

2 eetlepels paneermeel

1 eetlepel bloem

3 teentjes knoflook

2 wortels

1 laurierblad

1 ei

Suiker

olijfolie

Zout en peper

ONTWIKKELING

Meng de twee stukken vlees met gehakte peterselie, 2 in blokjes gesneden teentjes knoflook, paneermeel, ei, zout en peper. Maak balletjes en bak ze bruin in een pan. Afhalen en reserveren.

Kook de ui en de tweede knoflook in dezelfde olie, voeg bloem toe en bak. Voeg de tomaten toe en kook nog 5 minuten. Baad met wijn en kook nog eens 10 minuten. Bevochtig met bouillon en kook nog 5 minuten. Maal en corrigeer zout en suiker. Kook de gehaktballetjes samen met het laurierblad 10 minuten in de saus.

Maak de wortels en champignons apart schoon, schil ze en snijd ze in blokjes. Bak ze met een beetje olie gedurende 2 minuten en voeg ze toe aan de stoofpot met gehaktballetjes.

TRUC

Om het gehaktballenmengsel lekkerder te maken, voeg je 150 g gehakt vers Iberisch spek toe. Het is beter om niet te hard te drukken bij het maken van de balletjes, zodat ze sappiger worden.

KALFSWANGEN MET CHOCOLADE

INGREDIËNTEN

8 kalfswangetjes

½ liter rode wijn

6 ons chocolade

2 teentjes knoflook

2 tomaten

2 seizoenen

1 stuk bleekselderij

1 wortel

1 ui

1 takje rozemarijn

1 takje tijm

Meel

Rundvleesbouillon (of water)

olijfolie

Zout en peper

ONTWIKKELING

Breng de wangen op smaak en bak ze bruin in een zeer hete pan. Afhalen en reserveren.

Snijd de groenten voor brunoise en bak ze in dezelfde pan waarin je de wangen hebt gebakken.

Als de groenten zacht zijn, voeg je de geraspte tomaten toe en kook tot ze al hun water verliezen. Voeg wijn en aromatische kruiden toe en laat 5 minuten staan. Voeg de wangen en de vleesbouillon toe tot ze onderstaan.

Kook tot de wangen heel zacht zijn, voeg chocolade naar smaak toe, meng en breng op smaak met peper en zout.

TRUC

De saus kan worden geplet of met hele stukjes groenten worden bewaard.

GECONFITEERD GEVOGELTEGEBAKJE MET ZOETE WIJNSAUS

INGREDIËNTEN

½ gehakt biggetje

1 glas zoete wijn

2 takjes rozemarijn

2 takjes tijm

4 teentjes knoflook

1 kleine wortel

1 kleine ui

1 tomaat

milde olijfolie

grof zout

ONTWIKKELING

Leg het varken op een bakplaat en zout het aan beide kanten. Voeg geplette knoflook en aromaten toe. Bestrijk met olie en bak gedurende 5 uur op 100ºC. Laat het vervolgens afkoelen, ontbeen het en verwijder het vlees en het vel.

Plaats bakpapier op een bakplaat. Verdeel het biggenvlees en leg het biggenvel erop (minimaal 2 vingers hoog). Leg nog een stuk bakpapier opzij in de koelkast met een klein gewicht erop.

Maak intussen een donkere bouillon. Snijd de botten en groenten in middelgrote stukken. Bak de botten op 185ºC gedurende 35 minuten, voeg groenten toe aan de zijkanten en bak nog eens 25 minuten. Haal uit de oven en baad met wijn. Doe alles in een pot en giet er koud water overheen. Kook gedurende 2 uur op zeer laag vuur. Zeef en zet terug op het vuur tot het iets dikker is. Ontvetten.

Snijd het deeg in porties en bak het in een verwarmde koekenpan op de huidzijde tot het knapperig is. Bak gedurende 3 minuten op 180ºC.

TRUC

Dit gerecht is meer tijdrovend dan moeilijk, maar het effect is spectaculair. De enige truc om ervoor te zorgen dat het uiteindelijk niet bederft, is door de saus aan één kant van het vlees te serveren, en niet er bovenop.

KONIJN VANAF MAART

INGREDIËNTEN

1 gehakt konijn

80 g amandelen

1 liter kippenbouillon

400 ml afvallen

200 ml room

1 takje rozemarijn

1 takje tijm

2 uien

2 teentjes knoflook

1 wortel

10 strengen saffraan

Zout en peper

ONTWIKKELING

Snijd het konijn in stukken, breng op smaak en bruin. Verwijderen en reserveren.

Bak in dezelfde olie de wortel, ui en knoflook, in kleine stukjes gesneden. Voeg saffraan en amandelen toe en kook gedurende 1 minuut.

Steek een vuur aan en was de afvallen. flamberen Voeg het konijn opnieuw toe en bevochtig het met de bouillon. Voeg de takjes tijm en rozemarijn toe.

Kook ongeveer 30 minuten tot het konijn zacht is en voeg de room toe. Laat nog 5 minuten koken en corrigeer het zout.

TRUC

Flambear rookt sterke drank. Zorg ervoor dat u de kap uitschakelt.

GEVLEESBALLEN IN HAZELNOOTSAUS PEPITORIA

INGREDIËNTEN

750 gram rundergehakt

750 gram varkensgehakt

250 g ui

60 g hazelnoten

25 gram gebakken brood

½ liter kippenbouillon

¼ liter witte wijn

10 strengen saffraan

2 eetlepels verse peterselie

2 eetlepels paneermeel

4 teentjes knoflook

2 hardgekookte eieren

1 vers ei

2 laurierblaadjes

150 g olijfolie

Zout en peper

ONTWIKKELING

Meng in een kom het vlees, de gehakte peterselie, de knoflookblokjes, het paneermeel, het ei, het zout en de peper. Bloem en bruin in een pan op middelhoog vuur. Verwijderen en reserveren.

Fruit in dezelfde olie de ui zachtjes en snijd de resterende 2 teentjes knoflook in kleine blokjes. Neem een bad met de wijn en laat inkoken. Bevochtig met bouillon en kook gedurende 15 minuten. Voeg de gehaktballetjes samen met de laurierblaadjes toe aan de saus en kook nog eens 15 minuten.

Rooster de saffraan apart en maal deze samen met het gebakken brood, de hazelnoten en de eidooiers in een vijzel tot een gladde massa. Voeg toe aan de goulash en kook nog 5 minuten.

TRUC

Serveer met gehakt eiwit erbovenop en wat peterselie.

KALFSSCALOPINES MET ZWART BIER

INGREDIËNTEN

4 kalfsfilets

125 g shiitake-paddenstoelen

1/3 liter donker bier

1 dl vleesbouillon

1 dl room

1 wortel

1 lente-ui

1 tomaat

1 takje tijm

1 takje rozemarijn

Meel

olijfolie

Zout en peper

ONTWIKKELING

Kruid de filets met bloem. Bak lichtjes in een pan met een beetje olie. Afhalen en reserveren.

Fruit de in blokjes gesneden ui en wortel in dezelfde olie. Voeg als ze gaar zijn de geraspte tomaat toe en kook tot de saus bijna droog is.

Baad met bier, verdamp de alcohol gedurende 5 minuten op middelhoog vuur en voeg de bouillon, kruiden en filets toe. Kook gedurende 15 minuten of tot ze zacht zijn.

Bak de gefileerde champignons apart op hoog vuur en voeg ze toe aan de goulash. Zout aanpassen.

TRUC

De filets mogen niet te gaar worden, anders worden ze erg taai.

REIZEN MADRILLE

INGREDIËNTEN

1 kg schone pens

2 varkenspoten

25 g bloem

1 dl azijn

2 eetlepels paprikapoeder

2 laurierblaadjes

2 uien (waarvan 1 gekruid)

1 kop knoflook

1 chilipeper

2 dl olijfolie

20 g zout

ONTWIKKELING

Blancheer de varkenspens en -poten in een pan met koud water. Kook gedurende 5 minuten wanneer het begint te koken.

Zeef en vul opnieuw met schoon water. Voeg de ui, chilipeper, knoflookkop en laurierblaadjes toe. Voeg indien nodig meer water toe, zodat het geheel goed afgedekt is, en laat het afgedekt 4 uur sudderen, of tot de stengels en de pens zacht zijn.

Als de pens klaar is, verwijder je de ui, het laurierblad en de chilipeper. Verwijder ook de dravers, ontbeen ze en snijd ze in stukken ter grootte van een pens. Doe terug in de pot.

Bak apart de tweede ui, in brunoise gesneden, voeg de peper en 1 eetlepel bloem toe. Eenmaal gekookt, toevoegen aan de stoofpot. Laat 5 minuten koken, breng op smaak met zout en voeg indien nodig dikte toe.

TRUC

Dit recept krijgt meer smaak als het een dag of twee van tevoren wordt bereid. Je kunt ook wat gekookte kikkererwten toevoegen en een eersteklas groentegerecht krijgen.

GEBAKKEN LENDEN MET APPEL EN MUNT

INGREDIËNTEN

800 g verse varkenshaas

500 gram appels

60 gram suiker

1 glas witte wijn

1 glas cognac

10 muntblaadjes

1 laurierblad

1 grote ui

1 wortel

olijfolie

Zout en peper

ONTWIKKELING

Kruid de ossenhaas en bak hem op hoog vuur bruin. Verwijderen en reserveren.

Fruit in deze olie de schoongemaakte en fijngesneden ui en wortel. Schil de appels en verwijder het klokhuis.

Plaats alles op een ovenschaal, was het af met alcohol en voeg een laurierblad toe. Bak gedurende 90 minuten op 185ºC.

Haal de appels en groenten eruit en pureer ze met suiker en munt. Snijd de ossenhaas en de saus in braadsap en voeg toe aan de appelcompote.

TRUC

Voeg tijdens het bakken wat water toe aan de bakplaat om te voorkomen dat de varkenshaas uitdroogt.

KIPPENPANTOFFELS MET FRAMBOZENSAUS

INGREDIËNTEN

voor gehaktballen

1 kg kippengehakt

1 dl melk

2 eetlepels paneermeel

2 eieren

1 teentje knoflook

sherrywijn

Meel

Gehakte peterselie

olijfolie

Zout en peper

Voor de frambozensaus

200 g frambozenjam

½ l kippenbouillon

1 ½ dl witte wijn

½ dl sojasaus

1 tomaat

2 wortels

1 teentje knoflook

1 ui

Zout

ONTWIKKELING

voor gehaktballen

Meng het vlees met paneermeel, melk, eieren, fijngehakt teentje knoflook, peterselie en een beetje wijn. Breng op smaak met peper en zout en laat 15 minuten staan.

Vorm balletjes van het mengsel en haal ze door de bloem. Bak ze in olie en zorg ervoor dat ze in het midden een beetje rauw zijn. Reserveer olie.

Voor zoetzure frambozensaus

Schil de ui, knoflook en wortel en snij in kleine blokjes. Bak in dezelfde olie waarin de gehaktballetjes bruin waren. Breng op smaak met een snufje zout. Voeg de gehakte tomaten zonder vel en zaden toe en kook tot het water verdampt is.

Baad met wijn en kook tot de helft is ingekookt. Voeg sojasaus en bouillon toe en kook nog 20 minuten tot de saus dik is. Voeg de jam en gehaktballetjes toe en kook alles nog 10 minuten samen.

TRUC

Frambozenjam kan worden vervangen door rood fruit of zelfs jam.

LAMSSTOOFPOT

INGREDIËNTEN

1 lamsbout

1 groot glas rode wijn

½ kopje geplette tomaat (of 2 geraspte tomaten)

1 eetlepel zoete peper

2 grote aardappelen

1 groene paprika

1 rode paprika

1 ui

Rundvleesbouillon (of water)

olijfolie

Zout en peper

ONTWIKKELING

Hak de poot fijn, breng hem op smaak en bak hem bruin in een zeer hete pot. Afhalen en reserveren.

Fruit de in blokjes gesneden paprika en ui in dezelfde olie. Als de groenten goed gebakken zijn, voeg je een lepel peper en tomaat toe. Ga door met koken op hoog vuur totdat de tomaat zijn water verliest. Voeg vervolgens het lamsvlees opnieuw toe.

Neem een bad met de wijn en laat inkoken. Bedek met vleesbouillon.

Voeg de aardappelcacheladas (niet gesneden) toe als het lamsvlees gaar is en kook tot de aardappelen gaar zijn. Breng op smaak met zout en peper.

TRUC

Voor een nog lekkerdere saus bak je 4 piquillo-pepers en 1 teentje knoflook apart. Meng met een deel van de goulashbouillon en voeg toe aan de goulash.

Haas CIVET

INGREDIËNTEN

1 haas

250 gram champignons

250 g wortelen

250 g ui

100 g spek

¼ liter rode wijn

3 eetlepels tomatensaus

2 teentjes knoflook

2 takjes tijm

2 laurierblaadjes

Rundvleesbouillon (of water)

olijfolie

Zout en peper

ONTWIKKELING

Snijd de haas en macereer deze in wortelen, knoflook en in kleine stukjes gesneden ui, wijn, 1 takje tijm en 1 laurierblad gedurende 24 uur. Na deze tijd zeef je de wijn en bewaar je de wijn aan de ene kant en de groenten aan de andere kant.

Kruid de haas, bak hem op hoog vuur bruin en verwijder hem. Kook de groenten op middelhoog vuur in dezelfde olie. Tomatensaus toevoegen en 3 minuten meebakken. Zet de haas opzij. Baden in wijn en bouillon tot het vlees bedekt is. Voeg het tweede takje tijm en het tweede laurierblad toe. Kook tot de haas gaar is.

Bak ondertussen het in reepjes gesneden spek en de in vieren gesneden champignons en voeg toe aan de goulash. Scheid de lever van de haas apart in een vijzel en voeg deze ook toe. Laat nog 10 minuten koken en breng op smaak met zout en peper.

TRUC

Dit gerecht kan met elk wilddier worden gemaakt en zal nog lekkerder zijn als het de dag ervoor wordt gemaakt.

KONIJN MET PIPERRAD

INGREDIËNTEN

1 konijn

2 grote tomaten

2 uien

1 groene paprika

1 teentje knoflook

Suiker

olijfolie

Zout en peper

ONTWIKKELING

Snijd het konijn, kruid het en bak het bruin in een hete pot. Verwijderen en reserveren.

Snijd de ui, paprika en knoflook in kleine stukjes en bak ze op laag vuur gedurende 15 minuten in dezelfde olie waarin het konijn werd gekookt.

Voeg de gehakte brunoise tomaten toe en kook op middelhoog vuur tot ze al hun water verliezen. Pas zout en suiker indien nodig aan.

Voeg het konijn toe, zet het vuur laag en kook 15-20 minuten met de deksel op de pan, af en toe roeren.

TRUC

Je kunt courgette of aubergine toevoegen aan de piperade.

KIPPENBALLEN GEVULD MET KAAS EN KERRYSAUS

INGREDIËNTEN

500 gram kipgehakt

150 g in blokjes gesneden kaas

100 g broodkruim

200 ml room

1 kopje kippenbouillon

2 eetlepels kerrie

½ eetlepel paneermeel

30 rozijnen

1 groene paprika

1 wortel

1 ui

1 ei

1 citroen

melk

Meel

olijfolie

Zout

ONTWIKKELING

Kruid de kip en meng met paneermeel, ei, 1 eetlepel kerrie en paneermeel gedrenkt in melk. Vorm balletjes, vul ze met kaasblokjes en haal ze door de bloem. Bak en zet opzij.

Fruit in dezelfde olie de ui, paprika en wortel, in kleine stukjes gesneden. Voeg de citroenschil toe en kook een paar minuten. Voeg de tweede eetlepel curry, rozijnen en kippenbouillon toe. Voeg de room toe als deze begint te koken en laat 20 minuten koken. Zout aanpassen.

TRUC

De perfecte aanvulling op deze gehaktballetjes zijn de in vieren gesneden champignons, gebakken met een paar teentjes knoflook in kleine stukjes en weggespoeld met goede portwijn of Pedro Ximénez.

VARKENSVLEESWANGEN IN RODE WIJN

INGREDIËNTEN

12 varkenswangetjes

½ liter rode wijn

2 teentjes knoflook

2 seizoenen

1 rode paprika

1 wortel

1 ui

Meel

Rundvleesbouillon (of water)

olijfolie

Zout en peper

ONTWIKKELING

Breng de wangen op smaak en bak ze bruin in een zeer hete pan. Afhalen en reserveren.

Snijd de groenten in bronoise en bak ze in dezelfde olie waarin het varkensvlees werd gebakken. Als ze goed gaar zijn, bevochtig ze dan met wijn en wacht 5 minuten. Voeg de wangen en de vleesbouillon toe tot ze onderstaan.

Kook tot de wangen heel zacht zijn en meng de saus als je geen stukjes groenten meer wilt.

TRUC

Varkenswangetjes hebben veel minder tijd nodig om te koken dan runderwangetjes. Een andere smaak wordt bereikt door op het einde een onsje chocolade aan de saus toe te voegen.

COCHIFRITO NAVARRE

INGREDIËNTEN

2 lamsbouten, gehakt

50 g reuzel

1 theelepel paprikapoeder

1 eetlepel azijn

2 teentjes knoflook

1 ui

olijfolie

Zout en peper

ONTWIKKELING

Snijd de lamsbouten in stukjes. Kruid en bruin op hoog vuur in een pan. Afhalen en reserveren.

Fruit de fijngesneden ui en knoflook in dezelfde olie gedurende 8 minuten op laag vuur. Voeg de paprika toe en bak nog 5 seconden. Voeg lamsvlees toe en bedek met water.

Kook tot de saus indikt en het vlees zacht is. Bevochtig met azijn en breng aan de kook.

TRUC

Voorbruinen is essentieel omdat het voorkomt dat de sappen ontsnappen. Bovendien zorgt het voor knapperigheid en verbetert het de smaak.

Runderstoofpot Met Pindasaus

INGREDIËNTEN

750 g varkensschenkelvlees

250 g pinda's

2 liter vleesbouillon

1 kopje room

½ kopje cognac

2 eetlepels tomatensaus

1 takje tijm

1 takje rozemarijn

4 aardappelen

2 wortels

1 ui

1 teentje knoflook

olijfolie

Zout en peper

ONTWIKKELING

Snijd, breng op smaak en bak de schenkel op hoog vuur bruin. Afhalen en reserveren.

Fruit de ui, knoflook en wortel, in kleine blokjes gesneden, in dezelfde olie op laag vuur. Verhoog het vuur en voeg de tomatensaus toe. Laat het krimpen totdat het al zijn water verliest. Besprenkel met cognac en wacht tot de alcohol verdampt is. Voeg het vlees opnieuw toe.

Pureer de pinda's goed met de bouillon en voeg ze samen met de aromatische kruiden toe aan de pan. Kook op laag vuur tot het vlees bijna gaar is.

Voeg vervolgens geschilde en in blokjes gesneden aardappelen en room toe. Kook gedurende 10 minuten en pas zout en peper aan. Zet 15 minuten apart voordat je het serveert.

TRUC

Bij dit vleesgerecht kan rijstpilaf worden geserveerd (zie het gedeelte Rijst en Pasta).

GEROOSTERD VARKEN

INGREDIËNTEN

1 biggetje

2 eetlepels reuzel

Zout

ONTWIKKELING

Bekleed de oren en staart met aluminiumfolie om te voorkomen dat ze verbranden.

Plaats 2 houten lepels op de bakplaat en plaats de big met de voorkant naar boven, vermijd contact met de bodem van de bak. Voeg 2 eetlepels water toe en bak 2 uur op 180ºC.

Los zout op in 4 dl water en beschilder de binnenkant van de big elke 10 minuten. Draai het gedurende deze tijd om en ga door met schilderen met water en zout totdat de tijd om is.

Smelt de boter en beschilder de huid. Zet de oven op 200ºC en bak nog eens 30 minuten of tot de korst goudbruin en krokant is.

TRUC

Giet het sap niet op uw huid; hierdoor zou het zijn knapperigheid verliezen. Serveer de saus onderin het bord.

GEBAKKEN KLOP MET KOOL

INGREDIËNTEN

4 dobbelstenen

½ kool

3 teentjes knoflook

olijfolie

Zout en peper

ONTWIKKELING

Bedek de schenkels met kokend water en kook gedurende 2 uur of tot ze volledig gaar zijn.

Haal ze uit het water en bak ze met een beetje olie op 220ºC goudbruin. Seizoen.

Snijd de kool in dunne reepjes. Kook in ruim kokend water gedurende 15 minuten. Uitstroom.

Fruit ondertussen de gehakte knoflook in een beetje olie, voeg de kool toe en bak. Breng op smaak met peper en zout en serveer met gebakken varkensschenkels.

TRUC

Varkensschenkels kunnen ook in een zeer hete pan worden bereid. Bak ze aan alle kanten goed bruin.

KONIJN CACIATOREN

INGREDIËNTEN

1 konijn

300 gram champignons

2 kopjes kippenbouillon

1 glas witte wijn

1 takje verse tijm

1 laurierblad

2 teentjes knoflook

1 ui

1 tomaat

olijfolie

Zout en peper

ONTWIKKELING

Snijd het konijn in stukken, breng op smaak en bruin op hoog vuur. Afhalen en reserveren.

Fruit de ui en knoflook, in kleine stukjes gesneden, op laag vuur in dezelfde olie gedurende 5 minuten. Verhoog het vuur en voeg de geraspte tomaat toe. Kook tot er geen water meer is.

Voeg het konijn weer toe en geef het een wijnbad. Laat het inkoken en de saus is bijna droog. Bevochtig met bouillon en kook met aromatische kruiden gedurende 25 minuten of tot het vlees gaar is.

Bak ondertussen de schoongemaakte en gelamineerde champignons in een verwarmde pan gedurende 2 minuten. Breng op smaak met zout en voeg toe aan de stoofpot. Kook nog 2 minuten en pas indien nodig het zout aan.

TRUC

Je kunt hetzelfde recept maken met kip of kalkoen.

MADRILEÑA KALFSSCHOTEL

INGREDIËNTEN

4 kalfsfilets

1 eetlepel verse peterselie

2 teentjes knoflook

Meel, ei en paneermeel (voor paneren)

olijfolie

Zout en peper

ONTWIKKELING

Snijd de peterselie en knoflook fijn. Doe ze samen in een kom en voeg het paneermeel toe. Verwijderen.

Kruid de filets en haal ze door de bloem, het losgeklopte ei en een mengsel van paneermeel, knoflook en peterselie.

Druk met je handen aan zodat het paneermeel goed blijft plakken en bak het gedurende 15 seconden in voldoende, zeer hete olie.

TRUC

Plet de filets met een stamper om de vezels te breken en het vlees malser te maken.

KONIJNSTEW MET PADDESTOELEN

INGREDIËNTEN

1 konijn

250 g seizoenschampignons

50 g reuzel

200 gram spek

45 g amandelen

600 ml kippenbouillon

1 kopje sherry

1 wortel

1 tomaat

1 ui

1 teentje knoflook

1 takje tijm

Zout en peper

ONTWIKKELING

Snijd het konijn en kruid het. Bak op hoog vuur in boter met het spek in staafjes gesneden. Afhalen en reserveren.

Fruit in hetzelfde vet de ui, wortel en knoflook, in kleine stukjes gesneden. Voeg de gehakte champignons toe en bak 2 minuten. Voeg de geraspte tomaat toe en kook tot hij water verliest.

Voeg het konijn en het spek opnieuw toe en baad het met wijn. Laat het inkoken en de saus is bijna droog. Bevochtig met bouillon en voeg tijm toe. Kook op laag vuur gedurende 25 minuten of tot het konijn gaar is. Garneer met amandelen erop en breng op smaak met zout.

TRUC

Je kunt gedroogde shiitake-paddenstoelen gebruiken. Ze zorgen voor veel smaak en aroma.

IBERISCHE RIBS MET WITTE WIJN EN HONING

INGREDIËNTEN

1 Iberische varkensrib

1 glas witte wijn

2 eetlepels honing

1 eetlepel zoete peper

1 eetlepel gehakte rozemarijn

1 eetlepel gehakte tijm

1 teentje knoflook

olijfolie

Zout en peper

ONTWIKKELING

Doe de kruiden, geraspte knoflook, honing en zout in een kom. Voeg een ½ klein kopje olie toe en meng. Bestrijk de ribben met dit mengsel.

Bak gedurende 30 minuten op 200ºC met de vleeskant naar beneden. Draai om, dompel in wijn en bak nog eens 30 minuten, tot de ribben goudbruin en zacht zijn.

TRUC

Om de smaken van de ribben meer verzadigd te maken, is het beter om het vlees de dag ervoor te marineren.

GALLI'S POTE

INGREDIËNTEN

250 g witte bonen

500 g schone raapstelen

500 g morcillo

100 gram ham

100 g olie

1 ruggengraatbot

3 aardappelen

1 worst

1 bloedworst

Zout

ONTWIKKELING

Week de bonen 12 uur van tevoren in koud water.

Doe alle ingrediënten in een pan, behalve de aardappelen en rapen, en kook ze in 2 liter koud, ongezouten water op laag vuur.

Kook in een andere pan de rapen in kokend gezouten water gedurende 15 minuten.

Als de bonen bijna klaar zijn, voeg je de cachelada-aardappelen toe en breng op smaak met zout. Gooi de grelos. Laat een paar seconden in brand staan en breng met porties vlees op tafel.

TRUC

Snijd tijdens het koken de kooktijd 3 keer af met koud water of ijs om de bonen zachter te maken en hun vel niet te verliezen.

LINZEN A LA LIONESA

INGREDIËNTEN

500 g linzen

700 gram ui

200 g boter

1 takje peterselie

1 takje tijm

1 laurierblad

1 kleine ui

1 wortel

6 kruidnagels

Zout

ONTWIKKELING

Fruit de in julienne gesneden ui in boter op laag vuur. Dek af en kook tot het lichtbruin is.

Voeg linzen, kruidnagels in een hele kleine ui, gehakte wortels en kruiden toe. Giet er koud water overheen.

Giet af en kook op laag vuur tot de peul zacht is. Zout aanpassen.

TRUC

Het is belangrijk om te beginnen met koken op hoog vuur en vervolgens over te schakelen naar middelhoog vuur, dit voorkomt dat ze blijven plakken.

LINZENCURRY MET APPEL

INGREDIËNTEN

300 g linzen

8 eetlepels room

1 eetlepel kerrie

1 gouden appel

1 takje tijm

1 takje peterselie

1 laurierblad

2 uien

1 teentje knoflook

3 kruidnagels

4 eetlepels olie

Zout en peper

ONTWIKKELING

Kook de linzen 1 uur in koud water samen met 1 ui, knoflook, laurier, tijm, peterselie, kruidnagel, zout en peper.

Bak apart de tweede ui en appel in olie. Kerrie toevoegen en mengen.

Voeg de linzen toe aan de appelschotel en kook nog 5 minuten. Voeg room toe en meng grondig.

TRUC

Als er nog linzen over zijn, kun je er een crème van maken en wat gebakken garnalen toevoegen.

NAAR NAVARE RIJDEN

INGREDIËNTEN

400 g bonen

1 eetlepel paprikapoeder

5 teentjes knoflook

1 Italiaanse groene paprika

1 rode paprika

1 schone prei

1 wortel

1 ui

1 grote tomaat

olijfolie

Zout

ONTWIKKELING

Maak de bonen goed schoon. Giet water over ze in een pot, samen met paprika, uien, prei, tomaten en wortels. Kook ongeveer 35 minuten.

Haal de groenten eruit en hak ze fijn. Voeg ze vervolgens weer toe aan de stoofpot.

Snijd de knoflook fijn en bak deze in een beetje olie. Haal van het vuur en voeg de paprika's toe. Rehome 5 wordt verwerkt in witte bonen. Zout aanpassen.

TRUC

Omdat het verse peulvruchten zijn, is de kooktijd veel korter.

LINZEN

INGREDIËNTEN

500 g linzen

1 eetlepel paprikapoeder

1 grote wortel

1 middelgrote ui

1 grote paprika

2 teentjes knoflook

1 grote aardappel

1 hamtip

1 worst

1 bloedworst

Spek

1 laurierblad

Zout

ONTWIKKELING

Bak de fijngesneden groenten tot ze iets zacht zijn. Voeg de paprika's toe en voeg 1 ½ liter water toe (je kunt groentebouillon of zelfs vleesbouillon vervangen). Voeg de linzen, het vlees, de hamtip en het laurierblad toe.

Haal de chorizo en de bloedworst eruit en bewaar ze als ze zacht zijn, zodat ze niet breken. Ga door met het koken van de linzen totdat ze klaar zijn.

Voeg de in blokjes gesneden aardappelen toe en kook nog 5 minuten. Bestrooi met een snufje zout.

TRUC

Om er een andere twist aan te geven, voeg je tijdens het koken 1 kaneelstokje toe aan de linzen.

BONENMUSSAKA MET PADDESTOELEN

INGREDIËNTEN

250 g gekookte rode bonen

500 g zelfgemaakte tomatensaus

200 g champignons

100 g geraspte kaas

½ kopje rode wijn

2 aubergines

2 teentjes knoflook

1 grote ui

½ groene paprika

½ gele paprika

¼ rode peper

1 laurierblad

melk

Oregano

olijfolie

Zout en peper

ONTWIKKELING

Snijd de aubergines in plakjes en doe ze in melk met zout om hun bitterheid te verliezen.

Snij de ui, knoflook en peper apart en bak deze in een pan. Voeg champignons toe en bak verder. Voeg de wijn toe en laat op hoog vuur inkoken. Voeg tomatensaus, oregano en laurier toe. Kook gedurende 15 minuten. Haal van het vuur en voeg bonen toe. Seizoen.

Laat ondertussen de aubergineplakken goed uitlekken, droog ze goed en bak ze aan beide kanten in een beetje olie.

Leg laagjes bonen en aubergine in een ovenschaal tot de ingrediënten op zijn. Werk af met een laagje aubergine. Bestrooi met geraspte kaas en ovenschotel.

TRUC

Dit recept is heerlijk met linzen of overgebleven peulvruchten van andere conserven.

Kerstavond is ondergedoken

INGREDIËNTEN

1 kg kikkererwten

1 kg kabeljauw

500 gram spinazie

50 g amandelen

3 liter reserve

2 eetlepels tomatensaus

1 eetlepel paprikapoeder

3 sneetjes gebakken brood

2 teentjes knoflook

1 groene paprika

1 ui

1 laurierblad

olijfolie

Zout

ONTWIKKELING

Week de kikkererwten 24 uur.

Fruit de ui, knoflook en peper, in kleine blokjes gesneden, in een pan op middelhoog vuur. Voeg paprika, laurierblad en tomatensaus toe en bedek met visbouillon. Wanneer het begint te koken, voeg je de kikkererwten toe. Als ze bijna zacht zijn, voeg je de kabeljauw en de spinazie toe.

Rasp ondertussen de amandelen in het gebakken brood. Meng en voeg toe aan de stoofpot. Kook nog 5 minuten en pas het zout aan.

TRUC

Kikkererwten moeten aan een pan met kokend water worden toegevoegd, anders worden ze hard en verliezen ze heel gemakkelijk hun vel.

POCHAS MET ZWARTEN

INGREDIËNTEN

400 g bonen

500 g kokkels

½ kopje witte wijn

4 teentjes knoflook

1 kleine groene paprika

1 kleine tomaat

1 ui

1 zie

1 cayennepeper

gehakte verse peterselie

olijfolie

ONTWIKKELING

Doe de bonen, paprika, ½ ui, schoongemaakte prei, 1 teentje knoflook en tomaat in de pot. Giet koud water en kook ongeveer 35 minuten tot de groenten zacht zijn.

Bak apart de andere helft van de ui, cayennepeper en de resterende fijngehakte teentjes knoflook op hoog vuur. Voeg kokkels toe en baad met wijn.

Voeg kokkels met saus toe aan de witte bonen, voeg peterselie toe en kook nog 2 minuten. Zout aanpassen.

TRUC

Week de kokkels gedurende 2 uur in koud gezouten water, zodat eventueel aanwezige aarde vrijkomt.

KABELJAUW AJOARRIERO

INGREDIËNTEN

400 g gemalen, gezouten kabeljauw

2 eetlepels gehydrateerde chorizopeper

2 eetlepels tomatensaus

1 groene paprika

1 rode paprika

1 teentje knoflook

1 ui

1 chilipeper

olijfolie

Zout

ONTWIKKELING

Bak de groenten op middelhoog vuur tot ze heel zacht zijn. Zout.

Voeg lepels chorizopeper, tomatensaus en chili toe. Voeg de gemalen kabeljauw toe en kook 2 minuten.

TRUC

Het is de perfecte vulling voor het bereiden van een heerlijke empanada.

GESTOOMDE SHERRY

INGREDIËNTEN

750 g kokkels

600 ml sherrywijn

1 laurierblad

1 teentje knoflook

1 citroen

2 eetlepels olijfolie

Zout

ONTWIKKELING

Maak de kokkels schoon.

Giet 2 eetlepels olie in de verwarmde pan en bak de gehakte knoflook lichtbruin.

Voeg de kokkels, wijn, laurier, citroen en zout in één keer toe. Dek af en kook tot ze opengaan.

Serveer de kokkels met hun saus.

TRUC

Schoonmaken betekent het onderdompelen van de mosselen in koud water met veel zout om eventueel zand en vuil te verwijderen.

ALLEN EN PEBRE VAN ZEEDELINGEN MET GARNALEN

INGREDIËNTEN

Voor visbestand

15 garnalenkoppen en -lichamen

1 kop of 2 staartbeentjes van zeeduivel of witte vis

Ketchup

1 lente-ui

1 zie

Zout

voor goulash

1 grote zeeduivelstaart (of 2 kleine)

garnalen lichamen

1 eetlepel zoete peper

8 teentjes knoflook

4 grote aardappelen

3 sneetjes brood

1 cayennepeper

ongepelde amandelen

olijfolie

Zout en peper

ONTWIKKELING

Voor visbestand

Maak visbouillon door garnalenlichamen en tomatensaus te bakken. Voeg zeeduivelbotten of kop en juliennegroenten toe. Giet water en kook gedurende 20 minuten. Zeef en breng op smaak met zout.

voor goulash

Fruit de ongesneden knoflook in een pan. Verwijderen en reserveren. Bak de amandelen in dezelfde olie. Verwijderen en reserveren.

Bak het brood in dezelfde olie. Terugtrekken.

Plet in een vijzel de knoflook, een handvol hele en ongepelde amandelen, sneetjes brood en cayennepeper.

Bak de peper lichtjes in de olie van de gebruinde knoflook, zorg ervoor dat hij niet verbrandt, en voeg hem toe aan de bouillon.

Voeg gebakken aardappelen toe en kook tot ze zacht zijn. Voeg de gekruide zeeduivel toe en kook 3 minuten. Voeg de puree en garnalen toe en kook nog 2 minuten tot de saus dikker wordt. Breng op smaak met zout en serveer warm.

TRUC

Gebruik slechts voldoende fumet om de aardappelen te bedekken. De meest gebruikte vis voor dit recept is paling, maar deze kan ook worden bereid met elke soort vlezige vis, zoals hondshaai of zeepaling.

GEBAKKEN SW

INGREDIËNTEN

1 zeebrasem, schoongemaakt, gestript en ontkalkt

25 gram broodkruim

2 teentjes knoflook

1 chilipeper

Azijn

olijfolie

Zout

ONTWIKKELING

Breng op smaak met zout en bestrijk de zeebrasem van binnen en van buiten met olie. Bestrooi met paneermeel en bak gedurende 25 minuten op 180ºC.

Bak intussen de gefileerde knoflook en chilipeper op middelhoog vuur. Giet een beetje azijn van het vuur en giet deze saus over de zeebrasem.

TRUC

Bij het sleuven maken worden insnijdingen over de gehele breedte van de vis gemaakt, waardoor deze sneller gaar wordt.

MARINERA-KLEMMEN

INGREDIËNTEN

1 kg mosselen

1 klein glas witte wijn

1 eetlepel bloem

2 teentjes knoflook

1 kleine tomaat

1 ui

½ chilipeper

Kleurstof voor levensmiddelen of saffraan (optioneel)

olijfolie

Zout

ONTWIKKELING

Week de mosselen enkele uren in koud water met veel zout om eventuele vuilresten te verwijderen.

Kook de mosselen na het schoonmaken gaar in wijn en ¼ liter water. Zodra ze opengaan, verwijdert u de vloeistof en bewaart u deze.

Snijd de ui, knoflook en tomaat in kleine stukjes en bak ze in een beetje olie. Voeg de chili toe en kook tot alles goed gaar is.

Voeg een eetlepel bloem toe en kook nog 2 minuten. Baad in kookwater voor mosselen. Kook gedurende 10 minuten en corrigeer het zout. Voeg de mosselen toe en kook nog een minuut. Voeg nu de kleurstof of saffraan toe.

TRUC

Witte wijn kan worden vervangen door zoete wijn. De saus is erg goed.

KABELJAUW MET PILPIL

INGREDIËNTEN

4 of 5 gezouten kabeljauwfilets

4 teentjes knoflook

1 chilipeper

½ liter olijfolie

ONTWIKKELING

Fruit de knoflook en chilipeper in olijfolie op laag vuur. Haal ze eruit en laat de olie wat afvallen.

Voeg de kabeljauwfilets toe, met het vel naar boven, en kook gedurende 1 minuut op laag vuur. Draai om en laat nog 3 minuten staan. Het is belangrijk dat het in olie wordt gekookt en niet gebakken.

Verwijder de kabeljauw, giet geleidelijk de olie af totdat alleen de witte substantie (gelatine) die vrijkomt door de kabeljauw overblijft.

Haal van het vuur en gebruik een zeef om met verschillende eetstokjes of in cirkelvormige bewegingen te kloppen, waarbij je geleidelijk de gedecanteerde olie opneemt. Vouw de pilpil gedurende 10 minuten zonder te stoppen met mengen.

Als je klaar bent, voeg je de kabeljauw toe en roer je nog een minuutje.

TRUC

Om het een ander karakter te geven, voegt u een hambot of aromatische kruiden toe aan de olie waarin de kabeljauw wordt gebakken.

ANKER IN BIER IN BIER

INGREDIËNTEN

Pure ansjovis zonder doornen

1 blikje heel koud bier

Meel

olijfolie

Zout

ONTWIKKELING

Giet het bier in een kom en voeg de bloem toe, terwijl je voortdurend blijft kloppen tot je een dikke consistentie krijgt die nauwelijks druipt als je de ansjovis laat weken.

Bak op het einde in voldoende olie en zout.

TRUC

Je kunt elk type bier gebruiken. Het ziet er spectaculair uit met zwart.

PIJKTVIS IN INKT

INGREDIËNTEN

1 ½ kg baby-inktvis

1 glas witte wijn

3 eetlepels tomatensaus

4 zakjes inktvisinkt

2 uien

1 rode paprika

1 groene paprika

1 laurierblad

olijfolie

Zout en peper

ONTWIKKELING

Fruit de fijngesneden ui en paprika op laag vuur. Voeg als ze gebakken zijn de schone en gehakte inktvis toe. Zet het vuur hoger en breng op smaak.

Bevochtig met witte wijn en laat inkoken. Voeg de tomatensaus, de inktvisinktzakjes en het laurierblad toe. Dek af en kook op laag vuur tot de inktvis zacht is.

TRUC

Ze kunnen worden geserveerd met goede pasta of zelfs friet.

COD RANERO CLUB

INGREDIËNTEN

Kabeljauw met pil-pil

10 rijpe trostomaten

4 chorizo-paprika's

2 groene paprika's

2 rode paprika's

2 uien

Suiker

Zout

ONTWIKKELING

Bak de tomaten en paprika's tot ze zacht zijn op 180ºC.

Na het roosteren van de paprika's, dek af gedurende 30 minuten, verwijder het vel en snij in reepjes.

Pel de tomaten en hak ze fijn. Kook ze samen met de in kleine reepjes gesneden ui en chorizo-paprika's (vooraf 30 minuten bevochtigd in heet water).

Voeg de geroosterde paprika toe, in reepjes gesneden en bak 5 minuten. Pas zout en suiker aan.

Verwarm de pilpil samen met de kabeljauw en paprika.

TRUC

Je kunt pilpil met paprika doen of als basis leggen, kabeljauw erop en saus met pilpil. Het kan ook gemaakt worden met een goede ratatouille.

ZOOL MET SINAASAPPEL

INGREDIËNTEN

4 zolen

110 g boter

110 ml bouillon

1 eetlepel gehakte verse peterselie

1 theelepel paprikapoeder

2 grote sinaasappelen

1 kleine citroen

Meel

Zout en peper

ONTWIKKELING

Smelt de boter in de pan. Bloem en breng de zolen op smaak. Bak aan beide kanten in boter. Voeg paprika, sinaasappel- en citroensap en fumet toe.

Kook 2 minuten op middelhoog vuur tot de saus iets dikker wordt. Garneer met peterselie en serveer onmiddellijk.

TRUC

Om meer sap uit citrusvruchten te halen, verwarm je ze 10 seconden in de magnetron op maximaal vermogen.

RIOJANA MARINE

INGREDIËNTEN

4 heekhaasjes

100 ml witte wijn

2 tomaten

1 rode paprika

1 groene paprika

1 teentje knoflook

1 ui

Suiker

olijfolie

Zout en peper

ONTWIKKELING

Snijd de ui, peper en knoflook fijn. Bak alles in een pan op middelhoog vuur gedurende 20 minuten. Verhoog het vuur, bevochtig met wijn en laat inkoken tot het droog is.

Voeg de geraspte tomaten toe en kook tot ze al hun water verliezen. Pas zout, peper en suiker aan als het zuur is.

Bak de varkenshaasjes in een pan tot ze goudbruin zijn aan de buitenkant en sappig aan de binnenkant. Begeleiden met groenten.

TRUC

Zout de heek 15 minuten voor het koken, zodat het zout gelijkmatiger wordt verdeeld.

KABELJAUW MET AARDBEIENSAUS

INGREDIËNTEN

4 ontzoute kabeljauwfilets

400 g bruine suiker

200 gram aardbeien

2 teentjes knoflook

1 sinaasappel

Meel

olijfolie

ONTWIKKELING

Meng de aardbeien met sinaasappelsap en suiker. Kook gedurende 10 minuten en roer.

Pers de knoflook en bak deze in een pan met een beetje olie. Verwijderen en reserveren. Bak de kabeljauw bestrooid met bloem in dezelfde olie.

Serveer de kabeljauw met de saus in een aparte kom en leg de knoflook erop.

TRUC

Aardbeien kunnen worden vervangen door bittere sinaasappelmarmelade. Dan heb je slechts 100 gram bruine suiker nodig.

Ingelegde forel

INGREDIËNTEN

4 forellen

½ liter witte wijn

¼ liter azijn

1 kleine ui

1 grote wortel

2 teentjes knoflook

4 kruidnagels

2 laurierblaadjes

1 takje tijm

Meel

¼ liter olijfolie

Zout

ONTWIKKELING

Kruid de forel met zout en bestrooi met bloem. Bak 2 minuten aan elke kant in olie (ze moeten rauw zijn van binnen). Verwijderen en reserveren.

Kook juliennegroenten in hetzelfde vet gedurende 10 minuten.

Baden met azijn en wijn. Breng op smaak met een snufje zout, kruiden en specerijen. Kook nog eens 10 minuten op laag vuur.

Voeg de forel toe, dek af en kook nog 5 minuten. Haal van het vuur en serveer zodra het is afgekoeld.

TRUC

Dit recept kun je het beste 's avonds eten. De rest geeft het meer smaak. Gebruik de restjes om een heerlijke gemarineerde forelsalade te maken.

BILBAINE STIJL NAADLOOS

INGREDIËNTEN

1 zeebrasem 2 kg

½ liter witte wijn

2 eetlepels azijn

6 teentjes knoflook

1 chilipeper

2 dl olijfolie

Zout

ONTWIKKELING

Beitel de zeebrasem, zout hem, voeg een beetje olie toe en bak 20-25 minuten op 200ºC. Langzaam baden met wijn.

Fruit ondertussen de gehakte knoflook en chilipeper in 2 dl olie. Bevochtig met azijn en giet over de zeebrasem.

TRUC

Slotting houdt in dat er in de vis wordt gesneden om het koken gemakkelijker te maken.

GARNAAL

INGREDIËNTEN

250 gram garnalen

3 teentjes knoflook, gefileerd

1 citroen

1 chilipeper

10 eetlepels olijfolie

Zout

ONTWIKKELING

Doe de gepelde garnalen in een kom, kruid royaal met zout en voeg citroensap toe. Verwijderen.

Fruit de gefileerde knoflook en chilipeper in een pan. Voordat ze kleuren, voeg je de garnalen toe en bak je ze 1 minuut.

TRUC

Voor meer smaak macereert u de garnalen gedurende 15 minuten met zout en citroen voordat u ze frituurt.

KABELJAUW VLOKKEN

INGREDIËNTEN

100 g gezouten kabeljauw in paneermeel

100 g lente-uitjes

1 eetlepel verse peterselie

1 fles koud bier

Kleurstof

Meel

olijfolie

Zout en peper

ONTWIKKELING

Doe de kabeljauw, fijngesneden lente-ui en peterselie, bier, een beetje kleurstof, zout en peper in een kom.

Meng en voeg de bloem één eetlepel per keer toe, onder voortdurend roeren, tot je een deeg verkrijgt met een consistentie die lijkt op iets dikke havermout (niet druipt). Zet 20 minuten opzij.

Bak in voldoende olie en giet er een lepel deeg overheen. Eenmaal goudbruin, verwijder en plaats op absorberend papier.

TRUC

Als er geen bier verkrijgbaar is, kun je het met frisdrank maken.

DOURADO kabeljauw

INGREDIËNTEN

400 g gezouten en gemalen kabeljauw

6 eieren

4 middelgrote aardappelen

1 ui

Verse peterselie

olijfolie

Zout

ONTWIKKELING

Schil de aardappelen en snijd ze in rietjes. Was ze goed tot het water helder is en bak ze vervolgens in voldoende hete olie. Breng op smaak met zout.

Snij de ui in juliennestokjes. Verhoog het vuur, voeg de geplette kabeljauw toe en kook tot de vloeistof eruit loopt.

Klop in een aparte kom de eieren los, voeg de kabeljauw, aardappelen en ui toe. Lichtjes braden in de pan. Breng op smaak met zout en garneer met gehakte verse peterselie.

TRUC

Om sappig te zijn, moet het een beetje gestremd zijn. De aardappelen zijn niet volledig gezouten, waardoor ze hun malsheid niet verliezen.

BASKISCHE KRAB

INGREDIËNTEN

1 spinkrab

500 gram tomaten

75 g Serranoham

50 g vers paneermeel (of paneermeel)

25 g boter

1½ kopje cognac

1 eetlepel peterselie

1/8 ui

½ teentje knoflook

Zout en peper

ONTWIKKELING

Kook de krab (1 minuut per 100 g) in 2 liter water met 140 g zout. Koel af en verwijder het vlees.

Snijd de ui en knoflook in kleine stukjes en de ham in dunne juliennereepjes. Voeg geraspte tomaten en gehakte peterselie toe en kook tot een droge pasta ontstaat.

Voeg het spinkrabvlees toe, bedek met cognac en flambeer. Voeg de helft van het kruimeltje van het vuur toe en vul de spinkrab.

Strooi de rest van het kruimeltje erover en verdeel de in stukjes gesneden boter erover. Bak in de oven tot de bovenkant goudbruin is.

TRUC

Het kan ook gemaakt worden met goede Iberische chorizo of zelfs gevuld met gerookte kaas.

ANKER IN AZIJN

INGREDIËNTEN

12 ansjovis

300 cl wijnazijn

1 teentje knoflook

Gehakte peterselie

Extra vergine olijfolie

1 theelepel zout

ONTWIKKELING

Leg de schoongemaakte ansjovis op een plat bord met azijn verdund in water en zout. Zet 5 uur weg in de koelkast.

Macereer ondertussen fijngehakte knoflook en peterselie in olie.

Haal de ansjovis uit de azijn en bestrijk ze met olijfolie en knoflook. Zet nog eens 2 uur in de koelkast.

TRUC

Was de ansjovis meerdere keren totdat het water helder blijft.

COD-MARK

INGREDIËNTEN

¾ kg ontzoute kabeljauw

1 dl melk

2 teentjes knoflook

3dl olijfolie

Zout

ONTWIKKELING

Verhit de olijfolie en knoflook in een kleine pan op middelhoog vuur gedurende 5 minuten. Voeg de kabeljauw toe en laat nog 5 minuten op zeer laag vuur koken.

Verwarm de melk en doe deze in een blenderglas. Voeg kabeljauw en knoflook zonder vel toe. Klop totdat je een goed deeg krijgt.

Voeg de olie toe terwijl je blijft kloppen tot je een uniform deeg verkrijgt. Breng op smaak met zout en bak in de oven op maximaal vermogen.

TRUC

Het kan gegeten worden op geroosterd brood en besprenkeld met wat aioli.

ADOBO-POEDER (BIENMESABE)

INGREDIËNTEN

500 g hondshaai

1 kopje azijn

1 platte eetlepel gemalen komijn

1 platte eetlepel paprika

1 platte eetlepel oregano

4 laurierblaadjes

5 teentjes knoflook

Meel

olijfolie

Zout

ONTWIKKELING

Plaats de eerder in blokjes gesneden hondshaai en maak deze schoon in een diepe bak.

Voeg een handvol zout en theelepels paprikapoeder, komijn en oregano toe.

Plet de knoflook met de schil en voeg deze toe aan de container. Breek de laurierblaadjes en voeg ze toe. Voeg als laatste een glas azijn en nog een glas water toe. Rust uit voor de nacht.

Droog de stukjes hondshaai, voeg bloem toe en bak.

TRUC

Als de komijn vers gemalen is, voeg dan slechts ¼ van een afgestreken eetlepel toe. Het kan worden gemaakt met andere vissen, zoals pomfret of zeeduivel.

CITRUSPICLINGS EN TONIJN

INGREDIËNTEN

800 g tonijn (of verse skipjack)

70 ml azijn

140 ml wijn

1 wortel

1 prei

1 teentje knoflook

1 sinaasappel

½ citroen

1 laurierblad

70 ml olie

Zout en peper

ONTWIKKELING

Snijd de wortel, prei en knoflook in staafjes en bak deze in een beetje olie. Als de groenten zacht zijn, bevochtig ze met azijn en wijn.

Voeg laurierblad en peper toe. Breng op smaak met zout en kook nog eens 10 minuten. Voeg de schil en het sap van de citrusvruchten toe en de tonijn, in 4 stukken gesneden. Laat nog 2 minuten koken en zet afgedekt opzij.

TRUC

Volg dezelfde stappen om een heerlijke kipmarinade te maken. Bak de kip gewoon bruin voordat u deze aan de marinadeschotel toevoegt en kook nog eens 15 minuten.

BEKLEDING MET GARNALEN

INGREDIËNTEN

500 gram garnalen

100 g bloem

½ dl koud bier

Kleurstof

olijfolie

Zout

ONTWIKKELING

Pel de garnalen zonder het staartstuk te verwijderen.

Meng de bloem, een beetje kleurstof en zout in een kom. Voer het bier geleidelijk in en ga door met het brouwen van het bier.

Neem de garnalen bij de staart, haal ze door het vorige deeg en bak ze in een grote hoeveelheid olie. Verwijder ze als ze bruin worden en plaats ze op absorberend papier.

TRUC

Je kunt 1 theelepel kerrie of paprika aan de bloem toevoegen.

TONIJNVLAAN MET BASILICUM

INGREDIËNTEN

125 g tonijn uit blik in olie

½ liter melk

4 eieren

1 sneetje gesneden brood

1 eetlepel geraspte Parmezaanse kaas

4 verse basilicumblaadjes

Meel

olijfolie

Zout en peper

ONTWIKKELING

Meng de tonijn met melk, eieren, gesneden brood, parmezaanse kaas en basilicum. Voeg zout en peper toe.

Plaats het deeg in afzonderlijke vormen die vooraf zijn ingevet en bestrooid met bloem en bak in een waterbad op 170ºC gedurende 30 minuten.

TRUC

Je kunt dit recept ook bereiden met mosselen uit blik of sardientjes.

LA MENIER ZOOL

INGREDIËNTEN

6 zolen

250 g boter

50 g citroensap

2 eetlepels fijngehakte peterselie

Meel

Zout en peper

ONTWIKKELING

Kruid en bebloem de voetzolen, ontdaan van kop en nagelriemen. Bak ze aan beide kanten op middelhoog vuur in gesmolten boter en zorg ervoor dat de bloem niet verbrandt.

Haal de vis eruit en doe het citroensap en de peterselie in de pan. Kook gedurende 3 minuten zonder te stoppen met roeren. Leg de vis met de saus.

TRUC

Voeg een paar kappertjes toe om het recept een heerlijke twist te geven.

ZALMLOIN MET CAVA

INGREDIËNTEN

2 zalmfilets

½ liter mousserende wijn

100 ml room

1 wortel

1 zie

olijfolie

Zout en peper

ONTWIKKELING

Kruid en bak de zalm aan beide kanten bruin. Reserveren.

Snijd de wortel en prei in dunne, langwerpige stokjes. Bak de groenten 2 minuten in dezelfde olie waarin de zalm gekookt is. Bevochtig met cava en reduceer tot de helft.

Voeg de room toe, kook 5 minuten en voeg de zalm toe. Laat nog 3 minuten koken en breng op smaak met zout en peper.

TRUC

Zalm kan 12 minuten worden gestoomd en geserveerd met deze saus.

ZITPLAATS IN BILBAÍN-STIJL MET PIQUILTOS

INGREDIËNTEN

4 zeebaars

1 eetlepel azijn

4 teentjes knoflook

Piquillo-pepers

125 ml olijfolie

Zout en peper

ONTWIKKELING

Verwijder de zeebaarshaasjes. Breng op smaak met peper en zout en bak op hoog vuur goudbruin aan de buitenkant en sappig aan de binnenkant. Afhalen en reserveren.

Pers de knoflook en bak deze lichtjes in dezelfde olie als de vis. Bevochtig met azijn.

Bak de paprika's in dezelfde pan.

Serveer de zeebaarsfilets met de saus erover en voeg de paprika toe.

TRUC

Bilbao-saus kan van tevoren worden bereid; dan gewoon verwarmen en serveren.

MULAS IN VINAIGRETA

INGREDIËNTEN

1 kg mosselen

1 klein glas witte wijn

2 eetlepels azijn

1 kleine groene paprika

1 grote tomaat

1 kleine lente-ui

1 laurierblad

6 eetlepels olijfolie

Zout

ONTWIKKELING

Maak de mosselen grondig schoon met een nieuwe doek.

Doe de mosselen in een pot met wijn en laurier. Dek af en kook op hoog vuur tot ze opengaan. Reserveer en gooi een van de schelpen weg.

Maak de vinaigrette door de tomaat, lente-ui en peper fijn te snijden. Breng op smaak met azijn, olie en zout. Meng en giet over de mosselen.

TRUC

Zet een nacht opzij om de smaken te versterken.

MARMITAKO

INGREDIËNTEN

300 g tonijn (of gestreepte tonijn)

1 liter visbouillon

1 eetlepel chorizopeper

3 grote aardappelen

1 grote rode paprika

1 grote groene paprika

1 ui

olijfolie

Zout en peper

ONTWIKKELING

Fruit de ui en de in blokjes gesneden paprika. Voeg een eetlepel chorizopeper en geschilde en in plakjes gesneden aardappelen toe. Meng gedurende 5 minuten.

Bevochtig met visbouillon en als het begint te koken, breng op smaak met zout en peper. Kook op laag vuur tot de aardappelen stevig op hun plaats zitten.

Zet het vuur uit en voeg de in blokjes gesneden en gekruide tonijn toe. Zet 10 minuten apart voordat je het serveert.

TRUC

Tonijn kan worden vervangen door zalm. Het resultaat is verrassend.

ZEEBAARS IN ZOUT

INGREDIËNTEN

1 zeebaars

600 g grof zout

ONTWIKKELING

Darm en maak de vis schoon. Doe een laagje zout op een bord, leg de zeebaars erop en bedek met het resterende zout.

Bak op 220ºC tot het zout hard wordt en barst. Voor elke 100 gram vis is dit ongeveer 7 minuten.

TRUC

In zout gekookte vis mag niet worden gepeld, omdat de schubben het vlees beschermen tegen hoge temperaturen. Je kunt het zout op smaak brengen met kruiden of eiwit toevoegen.

GESTOOMDE MUSELS

INGREDIËNTEN

1 kg mosselen

1 dl witte wijn

1 laurierblad

ONTWIKKELING

Maak de mosselen grondig schoon met een nieuwe doek.

Doe de mosselen, de wijn en het laurierblad in een hete pot. Dek af en kook op hoog vuur tot ze opengaan. Gooi alles weg dat nog niet is geopend.

TRUC

In België is het een zeer populair gerecht, vergezeld van goede friet.

Galicische heek

INGREDIËNTEN

4 plakjes heek

600 gram aardappelen

1 theelepel paprikapoeder

3 teentjes knoflook

1 middelgrote ui

1 laurierblad

6 eetlepels extra vergine olijfolie

Zout en peper

ONTWIKKELING

Verwarm water in een pot; voeg gesneden aardappelen, gehakte ui, zout en laurier toe. Kook gedurende 15 minuten op laag vuur tot alles zacht is.

Voeg de gekruide plakjes heek toe en kook nog 3 minuten. Giet de aardappelen en heek af en doe alles in een aarden pot.

Fruit gehakte of gehakte knoflook in een pan; als ze goudbruin zijn, haal ze van het vuur. Voeg de paprika's toe, meng en giet de saus over de vis. Serveer snel met een beetje kokend water.

TRUC

Het is belangrijk dat de hoeveelheid water net voldoende is om de vis- en aardappelschijfjes te bedekken.

KOSKERA heek

INGREDIËNTEN

1 kg heek

100 g gekookte erwten

100 g ui

100 g mosselen

100 g garnalen

1 dl visbouillon

2 eetlepels peterselie

2 teentjes knoflook

8 asperges

2 hardgekookte eieren

Meel

Zout en peper

ONTWIKKELING

Snijd de heek in plakjes of ossenhaasjes. Kruid en bloem.

Fruit de fijngesneden ui en knoflook in een pan tot ze zacht zijn. Verhoog het vuur, voeg de vis toe en bak aan beide kanten lichtbruin.

Bevochtig met fumet en kook gedurende 4 minuten, terwijl u de pan voortdurend roert om de saus dikker te maken. Voeg gepelde garnalen, asperges, schoongemaakte mosselen, erwten en in vieren gesneden eieren toe. Bak nog 1 minuut en bestrooi met gehakte peterselie.

TRUC

Zout de heek 20 minuten voor het koken, zodat het zout gelijkmatiger wordt verdeeld.

MESSEN MET KNOFLOOK EN CITROEN

INGREDIËNTEN

2 dozijn messen

2 teentjes knoflook

2 takjes peterselie

1 citroen

Extra vergine olijfolie

Zout

ONTWIKKELING

Plaats de scheermesjes de avond ervoor in een kom met koud water en zout om eventuele zandresten te verwijderen.

Giet ze af, doe ze in de pan, dek af en verwarm op middelhoog vuur tot ze opengaan.

Snijd ondertussen de knoflook en takjes peterselie fijn en meng met citroensap en olijfolie. Dresseer scheermessen met deze saus.

TRUC

Ze zijn heerlijk met hollandaise- of bearnaisesaus (pp. 532–517).

WEGBOUWWEG

INGREDIËNTEN

500 g schorpioen zonder kop

125 ml tomatensaus

¼ l room

6 eieren

1 wortel

1 zie

1 ui

Paneermeel

olijfolie

Zout en peper

ONTWIKKELING

Kook de schorpioenvis 8 minuten samen met schone en gesneden groenten. Zout.

Verkruimel het schorpioenvlees (zonder vel en botten). Doe het in een kom met eieren, room en tomatensaus. Meng en breng op smaak met zout en peper.

Vet de vorm in en bestrooi met paneermeel. Vul met het vorige deeg en kook in een waterbad in de oven op 175ºC gedurende 50 minuten of tot het staafje er schoon uitkomt. Serveer koud of warm.

TRUC

Je kunt de schorpioen vervangen door elke andere vis

MONDERVIS MET ZACHTE KNOFLOOKCRÈME

INGREDIËNTEN

4 kleine zeeduivelstaarten

50 g zwarte olijven

400 ml room

12 teentjes knoflook

Zout en peper

ONTWIKKELING

Kook de knoflook in koud water. Zodra ze beginnen te koken, verwijder je het water en gooi je het weg. Herhaal dezelfde handeling 3 keer.

Kook vervolgens de knoflook in de room gedurende 30 minuten op laag vuur.

Gedroogde olijven zonder pit in de magnetron tot ze droog zijn. Doe ze door een vijzel tot je een olijvenpoeder krijgt.

Breng de zeeduivel op smaak en kook op hoog vuur tot hij sappig is aan de buitenkant en goudbruin van binnen.

Breng de saus op smaak. Serveer de zeeduivel met de saus aan één kant en olijvenpoeder erop.

TRUC

De smaak van deze saus is mild en heerlijk. Als het erg vloeibaar is, laat het dan nog een paar minuten koken. Als het daarentegen erg dik is, voeg dan een beetje hete vloeibare room toe en meng.

Heek in cider met appelmuntcompote

INGREDIËNTEN

4 heek oppermachtig

1 fles cider

4 eetlepels suiker

8 muntblaadjes

4 appels

1 citroen

Meel

olijfolie

Zout en peper

ONTWIKKELING

Kruid de heek, bebloem hem en bak hem bruin in een beetje hete olie. Verwijder en plaats op een bakplaat.

Schil de appels, snij ze fijn en doe ze in de pan. Baad met cider en bak gedurende 15 minuten op 165 ºC.

Verwijder appels en saus. Meng met suiker en muntblaadjes.

Serveer de vis met compote.

TRUC

Een andere versie van hetzelfde recept. Bestrooi de heek met bloem, bak hem bruin en doe hem in een pot met de appels en de cider. Kook op laag vuur gedurende 6 minuten. Verwijder de heek en laat de saus inkoken. Meng vervolgens met munt en suiker.

GEMARINEERDE ZALM

INGREDIËNTEN

1 kg zalmhaasje

500 gram suiker

4 eetlepels gehakte dille

500 g grof zout

olijfolie

ONTWIKKELING

Meng zout, suiker en dille in een kom. Plaats de helft op de bodem van de lade. Voeg de zalm toe en bedek met de andere helft van het mengsel.

Zet 12 uur weg in de koelkast. Verwijder en was met koud water. Fileren en bedekken met olie.

TRUC

Het zout kan op smaak worden gebracht met elk kruid of specerij (gember, kruidnagel, curry, enz.)

Forel met blauwe kaas

INGREDIËNTEN

4 forellen

75 g blauwe kaas

75 g boter

40 cl vloeibare room

1 klein glas witte wijn

Meel

olijfolie

Zout en peper

ONTWIKKELING

Verhit de boter met een beetje olie in een pan. Bak de met bloem bestoven en gezouten forel gedurende 5 minuten aan elke kant. Reserveren.

Giet de wijn en kaas in het vet dat overblijft na het frituren. Kook zonder te stoppen met roeren tot de wijn bijna verdwenen is en de kaas volledig gesmolten is.

Voeg de room toe en kook tot je de gewenste consistentie krijgt. Breng op smaak met zout en peper. Forel saus.

TRUC

Bereid een zoetzure blauwe kaassaus door de room te vervangen door vers sinaasappelsap.

TONIJN TATAKI GEMARINEERD IN SOJA

INGREDIËNTEN

1 tonijn- (of zalm)haas

1 kopje soja

1 kopje azijn

2 flinke eetlepels suiker

schil van 1 kleine sinaasappel

Knoflook

geroosterde sesam

Gember

ONTWIKKELING

Maak de tonijn goed schoon en snijd hem in blokken. Bak ze aan alle kanten lichtbruin in een zeer hete pan en laat ze onmiddellijk afkoelen in ijswater om het koken te stoppen.

Meng soja, azijn, suiker, sinaasappelschil, gember en knoflook in een kom. Voeg de vis toe en laat minimaal 3 uur marineren.

Rol het sesamzaad erdoor, snijd het in kleine plakjes en serveer.

TRUC

Dit recept moet worden bereid met eerder ingevroren vis om anisaka te voorkomen.

Heek taart

INGREDIËNTEN

1 kg heek

1 liter room

1 grote ui

1 glas cognac

8 eieren

Gebakken tomaat

olijfolie

Zout en peper

ONTWIKKELING

Snij de ui in julienne reepjes en bak deze in een pan. Als het zacht is, voeg je de heek toe. Kook tot het klaar en verkruimeld is.

Verhoog vervolgens het vuur en giet de cognac erbij. Reduceer en voeg wat tomaat toe.

Haal van het vuur en voeg eieren en room toe. Alles vernietigen. Breng op smaak en doe het in de vorm. Kook in een waterbad in de oven op 165ºC gedurende minimaal 1 uur of totdat de naald er schoon uitkomt.

TRUC

Serveer met roze of tartaarsaus. Het kan worden gemaakt met elke witte vis zonder been.

PEPERS Gevuld met dodder

INGREDIËNTEN

250 g gezouten kabeljauw

100 g garnalen

2 eetlepels gebakken tomaat

2 eetlepels boter

2 eetlepels bloem

1 blik piquillo-pepers

2 teentjes knoflook

1 ui

Brandewijn

olijfolie

Zout en peper

ONTWIKKELING

Bedek de kabeljauw met water en kook gedurende 5 minuten. Verwijder het water en bewaar het voor het koken.

Kook de ui en knoflookteentjes, snijd ze in kleine stukjes. Pel de garnalen en doe de schelpen in de uienpan. Goed bakken. Verhoog het vuur en voeg een scheutje cognac en gebakken tomaat toe. Dompel de kabeljauw in het kookwater en kook gedurende 25 minuten. Mengen en zeven.

Bak de gehakte garnalen en zet apart.

Bak de bloem ongeveer 5 minuten in boter, voeg de gezeefde bouillon toe en kook nog eens 10 minuten, roer met een garde.

Voeg gemalen kabeljauw en gebakken garnalen toe. Breng op smaak met peper en zout en laat afkoelen.

Vul de paprika met het vorige deeg en serveer.

TRUC

De ideale saus voor deze paprika's is Biscayan (zie paragraaf Bouillon en sauzen).

RADIO

INGREDIËNTEN

1 kg hele inktvis

150 g tarwemeel

50 gram kikkererwtenmeel

olijfolie

Zout

ONTWIKKELING

Maak de inktvis goed schoon door de buitenhuid te verwijderen en de binnenkant goed schoon te maken. Snijd ze in de lengte in dunne reepjes, niet kruislings. Zout.

Meng het tarwemeel en het kikkererwtenmeel en bestrijk de inktvis met dit mengsel.

Verhit de olie goed en bak de inktvisringen langzaam goudbruin. Serveer onmiddellijk.

TRUC

Zout de inktvis 15 minuten van tevoren en bak deze in zeer hete olie.

PAUW-SOLDAATJES

INGREDIËNTEN

500 g gezouten kabeljauw

1 eetlepel oregano

1 eetlepel gemalen komijn

1 eetlepel kleurstof voor levensmiddelen

1 eetlepel paprikapoeder

1 kopje azijn

2 teentjes knoflook

1 laurierblad

Meel

hete olie

Zout

ONTWIKKELING

Meng in een kom oregano, komijn, paprika, geperste knoflook, een glas azijn en nog een glas water en breng op smaak met een snufje zout. Leg de in reepjes gesneden ontzoute kabeljauw 24 uur in de marinade.

Meng de kleurstof en bloem. Bestrijk de kabeljauwreepjes met bloem, laat ze uitlekken en bak ze in een ruime hoeveelheid hete olie.

TRUC

Serveer onmiddellijk om de binnenkant sappig en de buitenkant knapperig te houden.

GARNALEN ROOM

INGREDIËNTEN

125 g rauwe garnalen

75 g tarwemeel

50 gram kikkererwtenmeel

5 strengen saffraan (of kleurstof)

¼ lente-uitjes

Verse peterselie

Extra vergine olijfolie

Zout

ONTWIKKELING

Rooster de saffraan enkele seconden in de oven, verpakt in aluminiumfolie.

Meng in een kom bloem, zout, saffraanpoeder, fijngehakte bieslook, gehakte peterselie, 125 ml zeer koud water en garnalen.

Bak lepels van het uitgesmeerde deeg in een ruime hoeveelheid olie. Laat staan tot het goed bruin is.

TRUC

Na het mengen met een lepel moet het deeg een consistentie hebben die lijkt op yoghurt.

Forel naar Navarra

INGREDIËNTEN

4 forellen

8 plakjes serranoham

Meel

olijfolie

Zout

ONTWIKKELING

Leg in elke schone en gestripte forel 2 plakjes Serranoham. Bloem en breng op smaak met zout.

Bak in voldoende olie en verwijder overtollig vet op absorberend papier.

TRUC

De temperatuur van de olie moet middelhoog zijn, zodat deze niet alleen aan de buitenkant bakt en de hitte de binnenkant van de vis niet bereikt.

ZALMTARTAAR MET AVOCADO

INGREDIËNTEN

500 g zalm zonder bot en zonder vel

6 kappertjes

4 tomaten

3 ingelegde komkommers

2 avocado's

1 lente-ui

sap van 2 citroenen

tabasco

olijfolie

Zout

ONTWIKKELING

Schil de tomaten en verwijder het klokhuis. Maak de avocado leeg. Snijd alle ingrediënten zo fijn mogelijk en meng ze in een kom.

Breng op smaak met citroensap, een paar druppels Tabasco, olijfolie en zout.

TRUC

Het kan worden gemaakt met gerookte zalm of andere soortgelijke vis, zoals forel.

Sint-jakobsschelpen op Galicische wijze

INGREDIËNTEN

8 Sint-Jakobsschelpen

125 g ui

125 g Serranoham

80 g broodkruim

1 eetlepel verse peterselie

½ theelepel zoete peper

1 hardgekookt ei, gehakt

ONTWIKKELING

Snijd de ui fijn en kook op lage temperatuur gedurende 10 minuten. Voeg de in kleine blokjes gesneden ham toe en bak nog 2 minuten. Voeg de paprika's toe en kook nog eens 10 seconden. Verwijderen en afkoelen.

Eenmaal afgekoeld, doe het in een kom en voeg paneermeel, gehakte peterselie en ei toe. Onderbreken.

Vul de coquilles met het voorgaande mengsel, schik ze op een bord en bak ze gedurende 15 minuten op 170ºC.

TRUC

Om tijd te besparen, bereidt u zich van tevoren voor en bakt u de dag dat u ze nodig heeft. Het kan ook worden gemaakt met sint-jakobsschelpen of zelfs oesters.

KIP IN PADDESTOELENSAUS

INGREDIËNTEN

1 kip

350 gram champignons

½ liter kippenbouillon

1 glas witte wijn

1 takje tijm

1 takje rozemarijn

1 laurierblad

2 tomaten

1 groene paprika

1 teentje knoflook

1 ui

1 cayennepeper

olijfolie

Zout en peper

ONTWIKKELING

Snij de kip, kruid hem en bak hem bruin op hoog vuur. Verwijderen en reserveren. Fruit de ui, cayennepeper, peperkorrels en knoflook, in zeer kleine stukjes gesneden, in dezelfde olie op laag vuur gedurende 5 minuten. Verhoog het vuur en voeg de geraspte tomaten toe. Kook tot al het water uit de tomaat is verdwenen.

Voeg de kip opnieuw toe en laat de wijn baden tot deze indikt en de saus bijna droog is. Bevochtig met bouillon en voeg aromatische kruiden toe. Kook ongeveer 25 minuten of tot de kip gaar is.

Bak de gehakte en gezouten champignons apart in een verwarmde pan met een beetje olie gedurende 2 minuten. Voeg ze toe aan de kipstoofpot en kook nog 2 minuten. Breng indien nodig op smaak met zout.

TRUC

Het resultaat is net zo goed als het wordt gemaakt met cantharellen.

KIP GEPLUKT IN CIDER

INGREDIËNTEN

1 kip

2 kopjes azijn

4 glazen cider

2 teentjes knoflook

2 wortels

1 laurierblad

1 zie

2 kopjes olie

Zout en peper

ONTWIKKELING

Snijd de kip, kruid hem en bak hem bruin in de pan. Afhalen en reserveren. Snijd de wortels en prei in staafjes en bak de gesneden knoflookteentjes in dezelfde olie. Zodra de groenten zacht zijn, voeg je de vloeistoffen toe.

Voeg het laurierblad en de peper toe, breng op smaak met zout en kook nog 5 minuten. Voeg de kip toe en kook nog eens 12 minuten. Zet afgedekt en uit de buurt van hitte weg.

TRUC

Het kan enkele dagen afgedekt in de koelkast worden bewaard. Inmaken is een manier om voedsel te conserveren.

KIPPENSTEW MET NUSKALKKA

INGREDIËNTEN

1 grote kip

150 g cantharellen

1 glas cognac

1 takje tijm

1 takje rozemarijn

2 geraspte tomaten

2 teentjes knoflook

1 groene paprika

1 rode paprika

1 wortel

1 ui

Kippen bouillon

Meel

olijfolie

Zout en peper

ONTWIKKELING

Snijd de kip in stukjes en breng op smaak met bloem. Bak op hoog vuur met een beetje olie, verwijder en zet opzij.

Bak in dezelfde olie de wortel, ui, knoflook en paprika, in kleine stukjes gesneden, gedurende 20 minuten op laag vuur.

Verhoog het vuur en voeg de geraspte tomaten toe. Kook tot bijna al het water uit de tomaten is verdwenen. Voeg schone en gehakte cantharellen toe. Kook gedurende 3 minuten op hoog vuur, bedek met cognac en wacht tot het inkookt.

Leg de kip er weer in en overgiet met de bouillon. Voeg aromatische kruiden toe en kook nog eens 25 minuten.

TRUC

Voor dit gerecht kun je elke seizoenspaddestoel gebruiken.

MADRIL KIPFILET

INGREDIËNTEN

8 kipfilets

3 teentjes knoflook

2 eetlepels verse peterselie

1 theelepel gemalen komijn

Meel, ei en paneermeel (voor paneren)

olijfolie

Zout en peper

ONTWIKKELING

Meng peterselie en fijngehakte knoflook met paneermeel en komijn.

Kruid de filets en haal ze door de bloem, het losgeklopte ei en het voorgaande mengsel.

Druk met je handen aan, zodat het paneermeel goed blijft plakken. Bak in een grote hoeveelheid hete olie tot ze goudbruin zijn.

TRUC

Ze kunnen gegratineerd worden met een paar plakjes mozzarella en tomatenconcassé (zie paragraaf Bouillon en sauzen) erop.

KIP FRICANDO MET SHIITAKE PADDESTOELEN

INGREDIËNTEN

1 kg kipfilets

250 gram shiitake-paddenstoelen

250 ml kippenbouillon

150 ml cognac

2 tomaten

1 wortel

1 teentje knoflook

1 zie

½ lente-uitjes

1 bosje aromatische kruiden (tijm, rozemarijn, laurier…)

1 theelepel paprikapoeder

Meel

olijfolie

Zout en peper

ONTWIKKELING

Snijd de kipfilets in vieren, kruid ze en bestrooi ze met bloem. Bak in een beetje olie op middelhoog vuur en verwijder.

Kook de in kleine stukjes gesneden groenten in dezelfde olie, voeg de paprika toe en ten slotte de geraspte tomaten.

Bak goed tot de tomaat al zijn water kwijt is, zet het vuur hoger en voeg de champignons toe. Kook gedurende 2 minuten en dompel vervolgens in cognac. Laat alle alcohol verdampen en doe de kip er weer in.

Giet bouillon en voeg aromatische kruiden toe. Breng op smaak met zout en kook nog 5 minuten op laag vuur.

TRUC

Zet afgedekt 5 minuten opzij, zodat de smaken beter kunnen combineren.

www.ingramcontent.com/pod-product-compliance
Lightning Source LLC
Chambersburg PA
CBHW071836110526
44591CB00011B/1340